MARTIN G. AMMERMÜLLER

Verbände im Rechtsetzungsverfahren

Schriften zum Öffentlichen Recht

Band 172

Verbände im Rechtsetzungsverfahren

Kann den Verbänden, insbesondere den Beamtenkoalitionen nach § 94 BBG, ein Anspruch auf Beteiligung bei der Schaffung von Rechtsnormen gewährt werden?

Von

Dr. Martin G. Ammermüller

DUNCKER & HUMBLOT / BERLIN

Alle Rechte vorbehalten
© 1971 Duncker & Humblot, Berlin 41
Gedruckt 1971 bei Buchdruckerei Bruno Luck, Berlin 65
Printed in Germany
ISBN 3 428 02554 7

Meinen lieben Eltern

Inhaltsverzeichnis

A. Einleitung: Die Beteiligung von Verbänden bei der Schaffung von Rechtsnormen als Verfassungsproblem 11

B. Begriffsklärung und Entstehungsgeschichte 14

  I. Klärung der in § 94 BBG verwendeten Begriffe 14
    1. Die Spitzenorganisationen der zuständigen Gewerkschaften 14
    2. Allgemeine Regelungen der beamtenrechtlichen Verhältnisse .. 16
    3. Die Beteiligung bei der Vorbereitung 17
  II. Die Entstehungsgeschichte des § 94 BBG 19
    1. Die Zeit bis 1945 19
    2. Die Zeit nach 1945 21
      a) Besatzungsrecht 21
      b) Deutsches Bundesrecht 22
        aa) Bundespersonalgesetz 22
        bb) Bundesbeamtengesetz 22
    3. Stellungnahme 23

C. Das Beteiligungsrecht als Ausfluß der Koalitionsfreiheit 25

  I. Die Koalitionsfreiheit im allgemeinen 25
    1. Gewährleistung der Koalitionsfreiheit durch Art. 9 Abs. 3 GG 25
    2. Existenz- und Betätigungsgarantie der Koalitionen 26
      a) Betätigungsrecht gegenüber dem Sozialpartner 26
      b) Betätigungsrecht gegenüber dem Staat 27
        aa) Müssen die Koalitionen sich auf sozialpolitischem Gebiet betätigen? 29
        bb) Ist der sozialpolitische Bereich ein Bestandteil des Betätigungsbereiches des Art. 9 Abs. 3 GG? 30
        cc) Haben die Koalitionen einen Anspruch auf bestimmte Betätigungsmittel im sozialpolitischen Bereich? 31
  II. Die Koalitionsfreiheit der Beamten 35
    1. Die rechtlichen Grundlagen 35
    2. Die Beamtenkoalitionen als Rechtstatsache 38

3. Der Sozialpartner der Beamten und der Beamtenkoalitionen .. 41
    a) Anwendbarkeit der Begriffe des Kollektivarbeitsrechts 41
    b) Der Bundespräsident als Sozialpartner 42
    c) Der Bundestag als Sozialpartner 43
    d) Die Bundesregierung als Sozialpartner 45
 4. Betätigungsbereich und Betätigungsmittel der Beamtenkoalitionen gegenüber der Bundesregierung 49
 5. Das Beteiligungsrecht des § 94 BBG als spezifisch koalitionsgemäßes Betätigungsmittel 50
    a) Die Beschränkung auf die Spitzenorganisationen 50
    b) Die Beschränkung auf die Beteiligung bei der Vorbereitung allgemeiner Regelungen der beamtenrechtlichen Verhältnisse 53
    c) § 94 BBG als Ausfluß der allgemeinen Koalitionsfreiheit 53
    d) Verfassungskonforme Auslegung 54
    e) Ergebnis 54

D. Möglichkeiten und Grenzen eines gesetzlich gewährten Beteiligungsrechts 56

 I. *Problematik der Gewährung eines Rechtsanspruchs an die Verbände auf Beteiligung* 56
 II. *Sinn und Zweck der Beteiligung von Verbänden an der Rechtsetzung* 57
    1. Nutzbarmachung des Sachverstandes der Verbände 57
    2. Integration der Verbände 58
 III. *Der Bundestag als Adressat eines Beteiligungsrechts* 59
    1. Das Entscheidungsrecht des Bundestages 59
    2. Das Petitionsrecht (Art. 17 GG) 60
    3. Die Anhörung durch den Bundestag 61
 IV. *Die Bundestagsausschüsse als Adressaten eines Beteiligungsrechts* 63
    1. Die Aufgaben der Ausschüsse 63
    2. Das Beschluß- und Verhandlungsrecht der Ausschüsse 65
    3. Ein Rechtsanspruch von Verbänden auf Teilnahme an den Informationssitzungen 65
 V. *Die Bundestagsabgeordneten als Adressaten eines Beteiligungsrechts* 71
 VI. *Der Bundesrat als Adressat eines Beteiligungsrechts* 72
    1. Die Sitzungen des Bundesrates 72
    2. Die Sitzungen der Ausschüsse des Bundesrates 75

Inhaltsverzeichnis

VII. *Die Bundesregierung als Adressat eines Beteiligungsrechts* 76

    1. Die Bundesregierung und die Verbände 76

        a) Die Abhängigkeit der Bundesregierung von den Regierungsparteien 76

        b) Die Abhängigkeit der Regierungsparteien von den Verbänden 77

        c) Die Abhängigkeit der Verbände von der Regierung 78

    2. Die Beteiligung der Verbände bei Gesetzentwürfen 79

        a) Die Vorbereitung ohne einen Anspruch der Verbände auf Beteiligung 79

        b) Die Vorbereitung mit einem Anspruch der Verbände auf Beteiligung 81

        c) Zulässigkeit einer Verpflichtung der Bundesregierung 83

    3. Die Beteiligung der Verbände bei Rechtsverordnungen 85

VIII. *Die Verfassungswidrigkeit der Regelung des § 94 BBG* 86

E. Zusammenfassung 89

Literaturverzeichnis 92

Abkürzungsverzeichnis

AöR	=	Archiv des öffentlichen Rechts
BAT	=	Bundes-Angestelltentarifvertrag
BAGE	=	Entscheidungen des Bundesarbeitsgerichts
BBG	=	Bundesbeamtengesetz
BGBl.	=	Bundesgesetzblatt
BVerGE	=	Entscheidungen des Bundesverfassungsgerichts
DBB	=	Deutscher Beamtenbund
DDB	=	Der Deutsche Beamte, Zeitschrift des DGB
DGB	=	Deutscher Gewerkschaftsbund
DöD	=	Der öffentliche Dienst
Dt. BT, WP, Drcks.	=	Deutscher Bundestag, Wahlperiode, Drucksache
GeschO BR	=	Geschäftsordnung des Bundesrates
GeschO BReg.	=	Geschäftsordnung der Bundesregierung
GeschO BT	=	Geschäftsordnung des Bundestages
GG	=	Grundgesetz
GGO II	=	Gemeinsame Geschäftsordnung der Bundesministerien, Besonderer Teil
JuS	=	Juristische Schulung
NJW	=	Neue Juristische Wochenschrift
OVG	=	Oberverwaltungsgericht
RdA	=	Recht der Arbeit
RGBl.	=	Reichsgesetzblatt
RiA	=	Das Recht im Amt
Stenograph. Ber.	=	Stenographische Berichte
TVG	=	Tarifvertragsgesetz
VVDStRL	=	Veröffentlichungen der Vereinigung der Deutschen Staatsrechtslehrer
WV	=	Die Verfassung des Deutschen Reiches (Weimarer Verfassung)
ZBR	=	Zeitschrift für Beamtenrecht

A. Einleitung: Die Beteiligung von Verbänden bei der Schaffung von Rechtsnormen als Verfassungsproblem

Die seit den fünfziger Jahren teilweise recht heftig geführte Diskussion über die Einordnung der Verbände in unserem demokratischen Rechtsstaat[1] ist — abgesehen von den immer wieder benutzten Schlagworten des „Verbändestaates" und der „Herrschaft der Verbände" — weitestgehend in Vergessenheit geraten. Zu Beginn dieser Diskussion überwog unter den Juristen, Politologen und Soziologen die Abneigung gegen die Verbände, weil man befürchtete, daß die Verbände in ihrem Machtstreben die Demokratie zerstören. Es setzte sich jedoch zusehends die Auffassung durch, daß die Verbände in unserer pluralistischen Gesellschaft eine Aufgabe zu erfüllen haben; es sei nur zu verhindern, daß die Verbände die traditionellen drei Gewalten der Demokratie in ihrer Arbeit behindern oder sogar teilweise an deren Stelle handeln. Abgesehen von wenigen Ansätzen in der Staatslehre[2] ist es bisher nicht überzeugend gelungen, die Funktion der Verbände in unserem Verfassungssystem zu bestimmen und ihre Machtansprüche zu begrenzen. Obwohl hier ein fundamentales Problem unserer Demokratie und ihrer Glaubwürdigkeit vorliegt, beschäftigen sich damit neben einigen Politologen fast nur noch Sozialwissenschaftler in umfangreichen Untersuchungen. Sie vermögen zwar die Art und Größe des Einflusses der Verbände bei der Gesetzgebung nachzuweisen, doch erfolgt dies wegen der diffizilen Arbeit erst Jahre nach der Verabschiedung der jeweiligen Gesetze und ist nur in Einzelfällen möglich[3].

---

[1] *Beutler - Stein - Wagner*, Der Staat und die Verbände, 1958; *Beyme*, Interessengruppen in der Demokratie, 1969; *Bethusy - Huc*, Demokratie und Interessenpolitik, 1962; *Breitling*, Die Verbände in der Bundesrepublik, 1955; *Eschenburg*, Herrschaft der Verbände? 1956; Huber, Staat und Verbände, 1958; *Leibholz - Winkler*, Staat und Verbände, VVDStRL 24 (1966), S. 5 ff.; *Wittkämper*, Grundgesetz und Interessenverbände, 1963; *Wössner*, Die ordnungspolitische Bedeutung des Verbandswesens, 1961.

[2] Vgl. z. B. *Krüger*, Allgemeine Staatslehre, S. 379 ff. (396 f., 400 ff.); *Zippelius*, Allgemeine Staatslehre, S. 94 ff. (104—104); *Kaiser*, Die Repräsentation organisierter Interessen, 1956.

[3] *Bethusy - Huc*, Demokratie und Interessenpolitik (empirische Untersuchung und Folgerungen über die Entstehung des Landwirtschafts-, Kartell- und Bundesbankgesetzes); *Donner*, Die sozial- und staatspolitische Tätigkeit der Kriegsopferverbände, 1960; *Stammer* u. a., Verbände und Gesetzgebung, 1965, (Die Einflußnahme der Verbände auf die Gestaltung des Personalvertretungsgesetzes).

Das Problem, den Einfluß der Verbände auf den Staat transparent zu machen, besteht, trotz der augenblicklichen Ruhe um die Verbände, in unverminderter Schärfe weiter. Eine Lobbygesetzgebung als Teillösung konnte bisher nicht erreicht werden, weil sich wohl hierfür keine Lobby[4] fand. Die vermehrte Abhaltung von öffentlichen Informationssitzungen[5] („hearings") mit Heranziehung von Interessenvertretern ist ein Versuch des Bundestages, allen Abgeordneten und einer breiten Öffentlichkeit die Wünsche und Vorstellungen der betroffenen Verbände zu vermitteln. Soweit den Verbänden nicht nur tatsächlich, sondern auch rechtlich ein Mitspracherecht bei der Gesetzgebung eingeräumt wurde, blieb dies nahezu völlig unbeachtet. Die Bundesministerien hören bei der Abfassung von Gesetzentwürfen gem. § 23 der Gemeinsamen Geschäftsordnung, Besonderer Teil, die betroffenen Spitzenverbände an. Eine entsprechende Regelung überließ man in der Schweiz nicht einer Geschäftsordnung, sondern änderte hierfür eigens in Art. 32, al. 3 die Schweizerische Bundesverfassung[6].

In § 58 Beamtenrechtsrahmengesetz und in § 94 Bundesbeamtengesetz finden sich zwei weitere Vorschriften, die den Spitzenorganisationen der Beamtenverbände besondere Rechte einräumen. Sie lauten folgendermaßen:

§ 58 Beamtenrechtsrahmengesetz: „Bei der Vorbereitung gesetzlicher Regelungen der beamtenrechtlichen Verhältnisse durch die obersten Landesbehörden sind die Spitzenorganisationen der zuständigen Gewerkschaften und Berufsverbände zu beteiligen."

§ 94 Bundesbeamtengesetz: „Die Spitzenorganisationen der zuständigen Gewerkschaften sind bei der Vorbereitung allgemeiner Regelungen der beamtenrechtlichen Verhältnisse zu beteiligen."

Da die Fassung des Bundesbeamtengesetzes bezüglich der Tragweite des Beteiligungsanspruches die weitere ist, beschränkt sich die Untersuchung hierauf. § 94 BBG bietet sich für eine juristische Untersuchung mehr als § 23 GGO II an, weil nur das Bundesbeamtengesetz einen

---

[4] *Broder*, Lobbyisten kontra Kontrolleure, Der Volkswirt 1968, Nr. 31, S. 20 f.

[5] § 73 Abs. 2 GeschO BT.

[6] 1947 wurde der Wirtschaftsartikel Art. 32, al. 3 der Schweizerischen Bundesverfassung eingeführt: „Die zuständigen Organisationen der Wirtschaft sind vor Erlaß der Ausführungsgesetze (zu den Wirtschaftsartikeln, d. Verf.) anzuhören und können beim Vollzug der Ausführungsvorschriften zur Mitwirkung herangezogen werden." Hierzu hat Rubattel für den Bundesrat einen ziemlich negativen Erfahrungsbericht erstellt (*Rubattel*, Die Beziehungen zwischen Bund und Verbänden, 1957). Meyer ist sogar der Meinung, daß das Primat der Politik in Frage gestellt und die demokratische Grundordnung der Schweiz verlorengegangen sei (*Meyer*, Verbände und Demokratie in der Schweiz, 1968, S. 225).

Anspruch verleiht. Anhand dieser konkreten Vorschrift sollen vor dem Hintergrund der Verbandsproblematik die Konsequenzen aufgezeigt werden, die sich daraus ergeben, wenn man Verbände in dieser Form an der Rechtsetzung beteiligt. Da zu erwarten ist, daß andere Verbände versuchen werden, auch solche Rechte zu erhalten, vor allem wenn sie durch ein einfaches Gesetz eingeräumt werden können[7], werden die damit verbundenen Fragen in Zukunft noch eine große Rolle spielen. Von besonderer Bedeutung ist die Frage, ob die Koalitionsfreiheit des Art. 9 Abs. 3 GG die mit der Rechtsetzung befaßten Stellen verpflichtet, die Koalitionen zu beteiligen, wenn die „Arbeits- und Wirtschaftsbedingungen" durch Rechtsnormen festgesetzt werden. Sollte diese Frage zu verneinen sein, soll geklärt werden, ob solch ein Recht vielleicht den Beamtenkoalitionen gegenüber ihrem Sozialpartner zusteht und wer im Verfassungsgefüge der Bundesrepublik dieser Sozialpartner ist. Dann werden die einzelnen möglichen Adressaten eines Beteiligungsrechts aufgeführt und die Zulässigkeit einer solchen Verpflichtung geprüft.

Diese Untersuchung lag dem Fachbereich Rechtswissenschaft der Eberhard-Karls-Universität zu Tübingen im Frühjahr 1971 als Inaugural-Dissertation vor.

Ich danke dem Herrn Bundesminister des Innern für einen Druckkostenzuschuß.

Zu Dank bin ich auch Herrn Ministerialrat a. D. Dr. J. Broermann verpflichtet, der meine Arbeit in die Reihe „Schriften zum Öffentlichen Recht" aufnahm.

---

[7] Vgl. *Beyme*, a.a.O., S. 61, der für das politische Durchsetzungsvermögen die Sonderstellung von einzelnen Verbänden in der Rechtsordnung für entscheidend hält.

B. Begriffsklärung und Entstehungsgeschichte

I. Klärung der in § 94 BBG verwendeten Begriffe

Die in § 94 BBG verwendeten Begriffe haben wegen ihrer Unklarheit und der Neuartigkeit dieser Regelung im Beamtenrecht eine Fülle von Beiträgen im Spezialschrifttum ausgelöst[1]. Dabei sind die Begriffe im wesentlichen geklärt worden, ohne daß auch nur eine annähernde Einigung über Anspruchsgegner, Ausmaß des Beteiligungsanspruches und Folgen einer unterbliebenen Beteiligung sich abzeichnen.

1. Die Spitzenorganisationen der zuständigen Gewerkschaften

Der Begriff der Spitzenorganisation ist im Arbeitsrecht bekannt. Da in § 94 BBG auf die Spitzenorganisation der zuständigen Gewerkschaften verwiesen wird, kann auf das Arbeitsrecht insofern zurückgegriffen werden. In § 2 Abs. 2 TVG findet sich eine Legaldefinition, wonach Zusammenschlüsse von Gewerkschaften und von Vereinigungen von Arbeitgebern Spitzenorganisationen sind. Die Gliederung einer einzelnen Gewerkschaft in Landes- oder Berufsverbände, die dann eine gemeinsame Spitze haben, macht diese noch nicht zur Spitzenorganisation. Auf der anderen Seite dürfen die Gewerkschaften auch nicht in der Form zusammengeschlossen sein, daß sie ihre Eigenständigkeit verloren haben und im Ergebnis nur eine einzige Gewerkschaft bilden. Diese beiden Einschränkungen lassen auch die im Arbeitsrecht übliche und genauere Definition als gerechtfertigt erscheinen, wonach Spitzenorganisationen der Gewerkschaften Zusammenschlüsse der Gewerkschaften als oberste Dachverbände sind, denen nicht die Einzelmitglieder der Gewerkschaften, sondern diese selbst angehören[2].

Fraglich ist die Anwendung des § 10 a TVG auf § 94 BBG. Nach § 10 a TVG sollen Spitzenorganisationen im Sinne des Tarifvertragsgesetzes — unbeschadet der Regelung in § 2 — diejenigen Zusammenschlüsse von Gewerkschaften sein, die für die Vertretung der Arbeitnehmerinteressen im Arbeitsleben des Bundesgebietes wesentliche Bedeu-

---

[1] Nachweise bei *Schütz*, DöD 1968, S. 161 ff.; *Nilges*, Beteiligungsrecht, S. 3 ff.

[2] *Hueck - Nipperdey*, Lehrbuch, S. 437; OVG Berlin, Urteil v. 19. 7. 62, ZBR 1963, S. 20 ff. (21).

I. Klärung der in § 94 BBG verwendeten Begriffe

tung haben. Ihnen sollen Gewerkschaften gleichstehen, die keinem solchen Zusammenschluß angehören, wenn sie eine entsprechende Bedeutung haben. Durch diese Einengung auf der einen Seite und Erweiterung auf der anderen wird gerade die Legaldefinition des § 2 TVG nicht angetastet, weil nur eine Gleichstellung erfolgen soll[3]. Die Regelung des § 10 a TVG ist hiermit kein allgemeiner Rechtsgedanke, der dazu führen müßte, daß nicht nur Spitzenorganisationen im formalen Sinne bei der Vorbereitung allgemeiner Regelungen der beamtenrechtlichen Verhältnisse zu beteiligen sind[4].

Zuständige Gewerkschaften sind solche, in denen sich die Bundesbeamten auf Grund ihrer Vereinigungsfreiheit organisiert haben und die sich auch satzungsmäßig dies zum Ziel gesetzt haben. Gewerkschaften, die nicht Bundesbeamte zu ihren Mitgliedern zählen, können im Rahmen des Bundesbeamtengesetzes nicht zuständig sein.

Der Begriff der Gewerkschaft ist im Arbeitsrecht vor allem hinsichtlich der Merkmale — nämlich Streikbereitschaft und Tariffähigkeit — umstritten[5], die von den Beamtengewerkschaften schon wegen der beschränkten Rechte ihrer Mitglieder nicht verlangt werden können.

Zweifelsohne hat der Gesetzgeber von den Beamtengewerkschaften nichts Rechtswidriges gefordert und nicht solche Gewerkschaften gemeint, die das Streikrecht oder den Abschluß von Tarifverträgen für die Beamten beanspruchen[6].

Inwieweit diese Gewerkschaften die sonstigen Merkmale[7] einer Gewerkschaft im Arbeitsrecht aufweisen müssen, ob der Benennung als Gewerkschaft, Verband oder Bund Wert beizulegen ist und wie eine Abgrenzung von einem nur berufsethische Ziele verfolgenden Beamtenverband möglich ist, braucht hier nicht geklärt zu werden. Denn es gibt nur zwei Spitzenorganisationen (DGB und DBB), deren Gewerkschaften, bzw. Verbände und Bünde, Bundesbeamte organisieren, und diese beiden können nach einhelliger Meinung das Beteiligungsrecht

---

[3] *Hueck - Nipperdey - Stahlhacke*, Tarifvertragsgesetz, § 10 a Anm. 2.
[4] *Fischbach*, Bundesbeamtengesetz, § 94 Anm. 1; *Plog - Wiedow*, Bundesbeamtengesetz, § 96 Rdnr. 3; *Bochalli*, Bundesbeamtengesetz, § 94 Anm. 1; *Reuter*, DDB 1960, S. 6 mit Stellungnahme, ob eine Anerkennung einer Gewerkschaft als Spitzenorganisation durch den Bundesinnenminister möglich ist; OVG Berlin, Urteil v. 17. 9. 62, ZBR 1963, S. 20 ff.; a. A. *Kunze*, RiA 1960, S. 359; *Schütz*, DöD 1968, S. 163; *Kümmel*, Niedersächsisches Beamtengesetz, § 104 Erl. Nr. 2.
[5] BAGE 4, 351; BVerfGE 18, 18 (33); *Dietz*, Die Koalitionsfreiheit, S. 442.
[6] *Schütz*, DöD 1968, S. 162; *Hildebrandt - Demmler - Bachmann*, Beamtengesetz für Nordrhein-Westfalen, § 106 Erl. Nr. 4.1; *Wacke*, Grundlagen des Öffentlichen Dienstrechts, S. 100.
[7] *Schütz*, DöD 1968, S. 162; *Schnorr*, RdA 1953, S. 377 f.; *Nickisch*, Arbeitsrecht, S. 13.

des § 94 BBG beanspruchen[8]. Außerdem hat der Gesetzgeber in den Beamtengesetzen (vgl. § 58 BRRG; § 91 BBG) die Berufsverbände den Gewerkschaften gleichgestellt. Da sich die Organisationen, die Beamte zu ihren Mitgliedern zählen, unterschiedlich Gewerkschaft, Bund oder Verband nennen, wird hier der neutrale[9] Begriff „Beamtenverbände" verwendet.

2. Allgemeine Regelungen der beamtenrechtlichen Verhältnisse

Allgemeine Regelungen der beamtenrechtlichen Verhältnisse können nur vom Staat (Art. 33 Abs. 5 GG) vorgenommen werden, also scheiden allgemeine Regelungen von privater Seite aus. Eine allgemeine Regelung liegt nicht vor, wenn sie nur einen Einzelfall oder bestimmte Anzahl von Fällen betrifft (Verwaltungsakt, bzw. Allgemeinverfügung). Somit ist eine allgemeine Regelung immer gegeben, wenn eine abstrakte und generelle Anordnung mit dem Anspruch verbindlich zu sein, also ein Rechtssatz, vorliegt[10]. Das können Gesetze, Rechtsverordnungen, Richtlinien, Verwaltungsverordnungen und Runderlasse sein[11]. Es müssen allgemeine Regelungen der beamtenrechtlichen Verhältnisse getroffen werden. Der Begriff der beamtenrechtlichen Verhältnisse ist umfassender als der des Beamtenverhältnisses. Ein Beamtenverhältnis liegt nach der Legaldefinition des § 2 Abs. 1 BRRG vor, sobald jemand in einem öffentlichrechtlichen Dienst- und Treueverhältnis zum Dienstherren steht. Eine Auslegung, die sich darauf beschränkt, die beamtenrechtlichen Verhältnisse nur in den Beziehungen zwischen Beamten und Dienstherren zu erblicken[12], ist zu eng. Beamtenrechtliche Verhältnisse werden auch durch Bestimmungen geregelt, die das Verhältnis der Beamten untereinander und zu Dritten oder die Schaffung von Einrichtungen betreffen. Es ist der gesamte Lebensbereich der Beamten erfaßt, der durch ihre Stellung als Beamter geprägt wird. Ausgeschlossen sind Regelungen, für die das Beamtenverhältnis nur ein Anknüpfungspunkt ist (z. B. Steuervergünstigungen), oder die an die Beamten nur als Organe gerichtet sind. Doch können Regelungen über den Dienstbetrieb, insbesondere wenn Sanktionsmöglichkeiten gegen die Beamten vorgesehen sind, auch die beamtenrechtlichen Verhältnisse beeinflussen. Die beamtenrechtlichen Ver-

---

[8] *Fees*, ZBR 1963, S. 135 ff. (139); *Nilges*, Beteiligungsrecht, S. 9.
[9] *Breitling*, Politische Vierteljahresschrift 1960, S. 47 ff. (67).
[10] *Wolff*, Verwaltungsrecht, §§ 24 II b, 46; Fees, ZBR 1963, S. 135.
[11] *Hildebrandt - Demmler - Bachmann*, a.a.O., § 106 Erl. Nr. 2; *Distel*, DDB 1955, S. 173 f.
[12] *Crisolli - Schwarz*, Hessisches Beamtengesetz, § 110 Erl. Nr. 3; *Ebert*, Das Recht des öffentlichen Dienstes, S. 155.

I. Klärung der in § 94 BBG verwendeten Begriffe

hältnisse sind auch nicht identisch mit dem „Grundverhältnis"[13], weil sich diese Terminologie nur auf den einzelnen Beamten und Regelungen gegenüber ihm bezieht. Dennoch ist dieser Bereich insofern miterfaßt, als alle allgemeinen Regelungen, die den „Bestand des Beamtenverhältnisses als solchen"[14] betreffen, die beamtenrechtlichen Verhältnisse immer gestalten.

Die grammatikalische Auslegung[15], die aus den Worten „der beamtenrechtlichen Verhältnisse" statt nur „beamtenrechtlicher Verhältnisse" schließen will, daß die beamtenrechtlichen Verhältnisse der Beamten in ihrer Gesamtheit und nicht nur einzelner Beamtengruppen gemeint sind, ist wohl zu eng und auch nicht zwingend, zumal der größte Teil der Regelungen nicht für alle Beamte einheitlich gilt. Diese Auffassung wird scheinbar durch § 98 Abs. 1 Nr. 1 und 2 BBG gestützt. Danach hat der Bundespersonalausschuß, von dem ein Teil der Mitglieder durch die Spitzenorganisationen der zuständigen Gewerkschaften benannt wird (§ 96 Abs. 3 BBG), nicht nur bei der Vorbereitung allgemeiner Regelungen der beamtenrechtlichen Verhältnisse, sondern auch bei der Vorbereitung der Vorschriften über die Ausbildung, Prüfung und Fortbildung von Beamten mitzuwirken. Doch gerade Vorschriften über Fortbildung können z. B. ohne weiteres für alle Beamte einheitlich und nicht nur für einzelne Gruppen geregelt werden; während Vorschriften all dieser Art nicht unbedingt in den Lebensbereich der Beamten eingreifen müssen und deshalb ihre Erwähnung durchaus sinnvoll ist.

Während man noch die Regelungen der beamtenrechtlichen Verhältnisse einzelner Gruppen der Bundesbeamten in § 94 BBG einbeziehen muß[16], gilt dies nicht mehr für die Regelungen der Dienststellen, weil hier der Personenkreis bestimmt ist und der Personalrat mitzuwirken hat (§ 58 Personalvertretungsgesetz)[17].

3. Die Beteiligung bei der Vorbereitung

Der Begriff der Beteiligung taucht im öffentlichen Recht[18] und im Arbeitsrecht[19] an vielen Stellen auf, besagt aber nicht immer das Gleiche und eine unterbliebene Beteiligung zieht auch nicht immer die

---

[13] *Ule*, Verwaltungsprozeßrecht, Anhang zu § 32 V.1.; Ule, ZBR 1962, S. 172.
[14] *Ule*, Verwaltungsprozeßrecht, Anhang zu § 32 V.1.
[15] *Schütz*, DöD 1968, S. 163; *Hildebrandt - Demmler - Bachmann*, Beamtengesetz für Nordrhein-Westfalen, § 106 Erl. Nr. 2.
[16] *Ule*, ZBR 1962, S. 172.
[17] *Ebert*, Das Recht des öffentlichen Dienstes, S. 610.
[18] § 10 Flurbereinigungsgesetz; § 61 Verwaltungsgerichtsordnung.
[19] § 74 Personalvertretungsgesetz; § 77 a Betriebsverfassungsgesetz.

gleichen Rechtsfolgen nach sich. Es kommt hinzu, daß eine ähnliche Regelung wie in § 94 BBG nicht vorhanden ist, so daß eine Übernahme von vorhandenen Deutungsversuchen ausscheidet. Die Beschränkung der Beteiligung auf die Vorbereitung läßt auf jeden Fall den Schluß zu, daß eine Mitentscheidung über das Endergebnis nicht mit inbegriffen ist. Da Beteiligung in der Regel eine Form der Mitwirkung, aber nicht Mitentscheidung[20] ist, wird dies auch für das Vorbereitungsergebnis zu gelten haben. Das Ausmaß der Beteiligung kann erst näher bestimmt werden, wenn Sinn und Zweck dieser Beteiligung feststehen.

Die Spitzenorganisationen „sind zu beteiligen", also muß jemand verpflichtet sein, sie zu beteiligen[21]. Es erfolgt keine direkte Bezeichnung des Anspruchsgegners, so daß jeder, der allgemeine Regelungen der beamtenrechtlichen Verhältnisse vorbereitet, in Frage kommt. Eine Einschränkung könnte sich aus dem Personenkreis ergeben, der sonst im Bundesbeamtengesetz angesprochen ist und zu dem Beziehungen der Beamten bestehen. In § 94 BBG wird jedoch gerade nicht das einzelne Beamtenverhältnis angesprochen, sondern den Spitzenorganisationen wird ein Recht verliehen, was nicht unbedingt im Bundesbeamtengesetz hätte geregelt werden müssen[22]. Vorschriften unter dem Rang von Gesetzen werden für die Bundesbeamten von der Bundesregierung und den einzelnen Ressortministern erlassen und dort vorbereitet, so daß der Anspruchsgegner dort zu suchen ist. Gesetze, die allgemeine Regelungen der beamtenrechtlichen Verhältnisse zum Inhalt haben, werden von vielen Stellen vorbereitet; in erster Linie natürlich von denjenigen, die das Initiativrecht im Bundestag haben. Dies sind die Bundesregierung, der Bundesrat und die Mitglieder des Bundestages (Art. 76 Abs. 1 GG). Aber auch Außenstehende, wie Gewerkschaften, Interessenverbände, Wissenschaftler und andere, bereiten Gesetzentwürfe vor. Es ist natürlich möglich, daß mit „Vorbereitung" ein technischer Begriff[23] gemeint ist. Von „Vorbereitung von Gesetzen" wird nur in § 23 Abs. 1 der Gemeinsamen Geschäftsordnung der Bundesministerien, Besonderer Teil, gesprochen. Nach § 15 Abs. 1 der Geschäftsordnung der Bundesministerien sind der Bundesregierung

---

[20] *Distel*, DDB 1955, S. 180; *Grabendorff - Arend*, Beamtengesetz von Rheinland-Pfalz, § 105 Erl. Nr. 4; *Touppen*, DDB 1966, S. 123; *Ebert*, a.a.O., S. 599.

[21] Vgl. Klage des DGB gegen die Bundesregierung v. 21. 10. 1966 = DDB 1966, S. 201 wegen unterbliebener Beteiligung; nach Entschuldigung durch Bundeskanzler Erhard zog der DGB die Klage zurück (= DDB 1966, S. 46). Urteil des Verwaltungsgerichts Neustadt v. 21. 6. 1968 = DDB 1968, S. 138 wegen unterbliebener Beteiligung durch die Landesregierung von Rheinland-Pfalz.

[22] *Fees*, ZBR 1963, S. 135.

[23] *Schütz*, DöD 1968, S. 164.

alle Gesetzentwürfe zur Beratung und zur Beschlußfassung zu unterbreiten. In § 39 Abs. 1 der Geschäftsordnung des Bundesrates heißt es: „Die Ausschüsse bereiten die Beschlußfassung des Bundesrates vor." In § 60 Abs. 2 S. 2 der Gschäftsordnung des Bundestages werden die Ausschüsse als „vorbereitende Beschlußorgane" bezeichnet. Dieser kurze Überblick läßt gewisse Unterschiede in der Terminologie erkennen. Ob jedoch hieraus Schlüsse über den Anspruchsgegner der Spitzenorganisation gezogen werden können, kann erst durch weitere verfassungsrechtliche Überlegungen geklärt werden. Erwähnt werden soll nur noch, daß dem Bundespersonalausschuß, dem die gleichen Rechte wie den Spitzenorganisationen eingeräumt wurden, auch hohe Beamte kraft ihrer Amtsstellung angehören. Hier entstehen echte Gewaltenteilungsprobleme, wenn der Bundespersonalausschuß einen Anspruch auf Beteiligung gegen den Bundestag oder Bundesrat hat.

Bei dieser verwirrenden Lage empfiehlt es sich, die Entstehungsgeschichte des § 94 BBG zu durchleuchten, weil hier Anhaltspunkte für eine Lösung gefunden werden können und die Begleitumstände sowie die Motive für die Schaffung dieser eigenartigen Vorschrift für eine kritische Stellungnahme von Interesse sind.

II. Die Entstehungsgeschichte des § 94 BBG

1. Die Zeit bis 1945

Das den Spitzenorganisationen der Beamtenverbände in § 94 BBG gesetzlich gewährte Recht sich an der — die Beamten betreffende — Normsetzung zu beteiligen, ist ohne die Existenz von Beamtenverbänden nicht denkbar. Bis zum Ersten Weltkrieg zeigten die Beamten im Gegensatz zu anderen Berufsgruppen keine Neigung sich in Verbänden zusammenzuschließen[1]. Der Beamtenstand galt in Bezug auf seine sozialen Sicherheiten als erstrebenswert, der Beamte mußte sich nichts erkämpfen und war hinsichtlich seiner Rechtsstellung auch nicht mit anderen Berufen vergleichbar. Der Beamte war Diener des Staates[2] und befand sich nicht in der Gegnerstellung des Arbeitnehmers zum Arbeitgeber. Die Bildung einer Koalition, bzw. einer Gewerkschaft, wäre für die Beamtenschaft nicht vorstellbar gewesen, waren sie doch gerade als Angehörige der Verwaltung — ihrer Zeit entsprechend — besondere Gegner[3] solcher Vereinigungen. Bezeichnenderweise war die

---
[1] Zur Zielsetzung der seit ca. 1897 bestehenden Beamtenvereine vgl. *Kulemann*, Die Berufsvereine, Bd. 1, S. 42 ff.
[2] Die Überschrift des Titels 10, Teil II des Allgemeinen Landrechts für die preußischen Staaten von 1794 lautet: „Von den Rechten und Pflichten der Diener des Staates."
[3] *Dietz*, Die Koalitionsfreiheit, S. 424.

Unterstützung der Sozialdemokratischen Partei durch einen Beamten vor dem Ersten Weltkrieg ein Dienstvergehen[4].

Nach dem Umsturz am 9. 11. 1918 war der Beamtenstand um seine Zukunft besorgt, da es Bestrebungen gab, das Berufsbeamtentum völlig abzulösen, bzw. an die übrige Arbeitnehmerschaft heranzuführen und zu demokratisieren[5]. In diesem Zusammenhang muß auch der Aufruf des Rates der Volksbeauftragten an das deutsche Volk vom 12. 11. 1918[6] verstanden werden, wenn er in Nr. 2 bestimmte: „Das Vereins- und Versammlungsrecht unterliegt keiner Beschränkung, auch nicht für Beamte und Staatsarbeiter." Die Beamten schlossen sich in Verbänden zusammen, wovon der bedeutendste der am 4. 12. 1918 gegründete Deutsche Beamtenbund wurde. Der DBB erreichte in Verhandlungen mit dem Verfassungsausschuß, daß die Grundsätze des Berufsbeamtentums in Art. 128 ff. der WV niedergelegt wurden[7]. In Art. 130 Abs. 2 WV wurde den Beamten — neben der bereits allgemein in Art. 159 WV gewährten Vereinigungsfreiheit — speziell noch einmal die Vereinigungsfreiheit gewährleistet. Der Verfassungsausschuß lehnte hingegen folgenden Antrag ab[8]: „Durch Reichsgesetz werden Beamtenausschüsse und Beamtenkammern geschaffen, welche alle die Beamten betreffenden Gesetzesvorlagen begutachten." Der Reichsminister des Inneren, Dr. Preuß, sprach sich gegen diesen Antrag aus, weil die Verhältnisse bei den Arbeiterräten und dem Wirtschaftsrat anders lägen und in die Reichsgesetzgebung weitere Komplikationen hineinkämen.

1926 entstand die gemeinsame Geschäftsordnung der Reichsministerien[9], die ebenso, wie nunmehr die gemeinsame Geschäftsordnung der Bundesministerien, bestimmte, daß zur Beschaffung von Unterlagen für die Vorbereitung von Gesetzen die Vertretungen der beteiligten Fachkreise herangezogen werden können. Es sollen nur Verbände herangezogen werden, deren Wirkungskreis sich über das gesamte Reichs-

---

[4] *Köttgen,* Das deutsche Berufsbeamtentum und die parlamentarische Demokratie, S. 27; *Ule,* Die Entwicklung des Beamtenrechts durch die Rechtsprechung der Verwaltungsgerichte, S. 125.

[5] *Giese,* Das Berufsbeamtentum im deutschen Volksstaat, S. 15; *Helfritz,* Grundzüge des Beamtenrechts, S. 20.

[6] RGBl. 1918, S. 1303; *Stier - Somlo,* Deutsches Reichs- und Länderstaatsrecht, S. 465.

[7] *Breitling,* Die Verbände in der Bundesrepublik, S. 275 Anm. 539.

[8] Berichte und Protokolle des Achten Ausschusses über den Entwurf einer Verfassung des Deutschen Reiches, 1920, S. 507.

[9] Vgl. *Hennis,* Politik, S. 192. Hennis bezeichnet diese Geschäftsordnungen als integrierenden Bestandteil unserer Verfassungsordnung und meint daher, es sei falsch zu behaupten, das deutsche Verfassungsrecht nähme keine Notiz von den Verbänden.

gebiet erstreckt, also meist Spitzenorganisationen. In der Weimarer Zeit lautete die Überschrift noch „Beteiligung der Fachkreise", jetzt „Beschaffung von Unterlagen"[10].

2. Die Zeit nach 1945

a) Besatzungsrecht

Die Besatzungsmächte hatten in Erwägung gezogen das Berufsbeamtentum abzuschaffen[11], da sie ihm eine bedeutende Rolle bei der Erhaltung des Hitlerregimes zuerkannten. Hans Böckler vom DGB trat jedoch für das Fortbestehen der Beamtenschaft als eigenständige Arbeitnehmergruppe ein und konnte dies dank seines Ansehens auch durchsetzen[12]. Die Besatzungsmächte waren natürlich ebenso auf die Weiterarbeit der Beamten angewiesen wie die Revolutionsregierung von 1918/19 oder Hitler im Jahre 1933.

In einem „Übergangsgesetz über die Rechtsstellung der Verwaltungsangehörigen der Verwaltung des Vereinigten Wirtschaftsgebietes vom 23. 6. 1948"[13] wurde den Verwaltungsangehörigen in § 11 das Recht gewährt, sich in Gewerkschaften und Berufsvereinigungen zusammenzuschließen. Im Gesetz Nr. 15 der Militärregierung Deutschland, Amerikanisches Kontrollgebiet, vom 15. 3. 1949[14] finden sich einige Regelungen, die den Spitzenorganisationen bereits ähnliche Rechte gewährleisten, wie sie in § 94 BBG enthalten sind:

„§ 15 Abs. 1. Das Personalamt erläßt im Benehmen mit den Obersten Dienstbehörden und unter Mitwirkung sowohl der Spitzenvereinigungen der Verwaltungsangehörigen (engl. Original: ‚After consultation with the organizations of associations of public servants') als auch — im gegenseitigen Erfahrungsaustausch — der Länderregierungen die allgemeinen Vorschriften für den Eintritt in den öffentlichen Dienst, für die Vorbildung, die Ausbildung und die Laufbahnen der Beamten sowie die Prüfungsordnungen.

§ 35 Abs. 1. Im Rahmen der gesetzlichen Bestimmungen regeln die Obersten Dienstbehörden die Arbeitszeit. Ein gesetzliches oder tatsächlich geübtes Mitwirkungsrecht der Vereinigungen der Verwaltungsangehörigen bleibt unberührt."

---

[10] Vgl. *Hennis*, Politik, S. 193 f.
[11] *Fees*, ZBR 1963, S. 137.
[12] DDB 1952, S. 43.
[13] Gesetz und Verordnungsblatt des Wirtschaftsrates des Vereinigten Wirtschaftsgebietes 1948, Nr. 11, S. 54.
[14] Sammlung der vom Alliierten Kontrollrat und der Amerikanischen Militärregierung erlassenen Proklamation, Gesetze, Verordnungen, Befehle, zusammengestellt von Hemken, Stuttgart.

B. Begriffsklärung und Entstehungsgeschichte

b) Deutsches Bundesrecht

aa) Bundespersonalgesetz

Bereits am 11. 11. 1949 legte die Bundesregierung den „Entwurf eines Gesetzes zur vorläufigen Regelung der Rechtsverhältnisse der im Dienst des Bundes stehenden Personen"[15] (Bundespersonalgesetz) vor. In der ersten[16] und zweiten[17] Beratung beklagten sich Abgeordnete der SPD und KPD darüber, daß zu dem Entwurf die Gewerkschaften nicht gehört wurden und die Koalitionsfreiheit der Beamten nicht ausdrücklich in dem Entwurf verankert wurde. Die Fraktion der SPD brachte folgenden Änderungsantrag[18] ein:

„In voller Vereinigungsfreiheit haben die Beamten das Recht, sich in Gewerkschaften zusammenzuschließen. Die für die Beamten zuständigen Gewerkschaften haben bei allen grundsätzlichen Angelegenheiten, welche die Beamte betreffen, mitzuwirken. Die Beamten haben insbesondere das Recht, die Gewerkschaften mit ihrer Vertretung zu beauftragen."

Im Bundespersonalgesetz[19] fand der Antrag, soweit er die Mitwirkung der Gewerkschaften betraf, keinen Niederschlag.

bb) Bundesbeamtengesetz

Am 19. 11. 1951 legte die Bundesregierung den Entwurf eines Bundesbeamtengesetzes[20] vor. Die Vorbereitung dieses Gesetzentwurfes und die Beratungen in den Ausschüssen erfolgte in Zusammenarbeit mit den Gewerkschaften[21]. Der Regierungsentwurf enthielt, in der von den Gewerkschaften vorgeschlagenen Fassung[22], bereits folgende Regelung[23]: „Die Spitzenorganisationen der zuständigen Gewerkschaften sind bei der Vorbereitung allgemeiner Regelungen der beamtenrechtlichen Verhältnisse zu hören."

Der Bundesinnenminister Dr. Dr. h. c. Lehr begründete in der ersten Beratung[24] diese Vorschrift damit, daß hierdurch eine „Klarstellung"

---

[15] Dt. BT, 1. WP, Drcks. 175.
[16] Dt. BT, Stenograph. Ber., Bd. 1, S. 458 A, 460 D.
[17] Dt. BT, Stenograph. Ber., Bd. 2, S. 1272 D.
[18] Dt. BT, 1. WP, Drcks. 526, Pkt. 12.
[19] § 3 Bundespersonalgesetz, BGBl. 1950, 207.
[20] Dt. BT, 1. WP, Drcks. 2846.
[21] Dt. BT, 1. Wp, Stenograph. Ber., Bd. 10, S. 7839; *Behr,* DDB 1963, S 3; DDB 1952, S. 177.
[22] *Behr,* DDB 1961, S. 81.
[23] Dt. BT, 1. WP, Drcks. 2846, S. 14, § 91.
[24] Dt. BT, 1. WP, Stenograph. Ber., Bd. 10, S. 7844 B.

II. Die Entstehungsgeschichte des § 94 BBG

erfolge. Der Vorsitzende des Beamtenrechtsausschusses, Abg. Dr. Kleindinst[25] (CSU), führte hierzu aus: „Die Zusammenarbeit mit den Gewerkschaften ist immer schon erfolgt, wenigstens bei uns im Süden, schon vor 1914. Wenn das nun im Gesetz festgelegt wird, so entspricht das dem Fortschritt in der Anerkennung dieser Verbände und der Bereitschaft der obersten Bundesbehörden zur Zusammenarbeit mit ihnen." Die Abg. Kalinke[26] (DP) wandte sich heftig gegen die Beschränkung auf die Spitzenorganisationen, da hiermit für die Beamten der Zwang zu bestimmten Koalitionen verbunden sei.

Der Beamtenrechtsausschuß schlug die folgende Regelung[27] — wie sie auch von den Gewerkschaften gefordert wurde[28] — vor, die dann gleichlautend in das Bundesbeamtengesetz übernommen wurde: „Die Spitzenorganisationen der zuständigen Gewerkschaften sind bei der Vorbereitung allgemeiner Regelungen der beamtenrechtlichen Verhältnisse zu beteiligen."

3. Stellungnahme

Verfassungsrechtliche Probleme wurden bei der Schaffung des § 94 BBG — wie die Entstehungsgeschichte zeigt — nicht gesehen; obwohl man den Spitzenorganisationen einen Anspruch auf Beteiligung einräumte und dies nicht — wie im § 23 GGO II — dem Ermessen der mit der Vorbereitung allgemeiner Regelungen der beamtenrechtlichen Verhältnisse befaßten Stellen anheim stellte. Auch über die praktischen Auswirkungen, als man den Anspruch auf Anhörung in einen solchen auf Beteiligung erweiterte, war man sich nicht im klaren. Sicherlich ging der Deutsche Bundestag davon aus, daß dieser Anspruch nur gegen die Ministerien und nicht gegen ihn selbst gerichtet sei. Doch hat dies keinen erkennbaren Niederschlag im Gesetz gefunden, so daß es nur auf den objektivierten[29] Willen des Gesetzgebers ankommt.

Es liegt nahe, da in § 91 BBG von der Koalitionsfreiheit der Beamten gesprochen wird, die Regelung des § 94 BBG als Ausfluß dieser Freiheit zu verstehen. So unterscheidet sich natürlich die verfassungsrechtliche Problematik, je nachdem, ob den Spitzenorganisationen der Gewerkschaften auf Grund der Koalitionsfreiheit das Beteiligungsrecht zusteht, oder ob ihnen unabhängig davon dieses Recht eingeräumt wurde.

---

[25] Dt. BT, 1. WP, Stenograph. Ber., Bd. 10, S. 7851 C.
[26] Dt. BT, 1. WP, Stenograph. Ber., Bd. 10, S. 7853 A.
[27] Dt. BT, 1. WP, Drcks. 4246, S. 30, § 91.
[28] DDB 1952, S. 178.
[29] BVerfGE 1, 299 (312); *Hesse*, Verfassungsrecht, S. 22; *Bachof*, Verfassungsrecht, Verwaltungsrecht, Verfahrensrecht, II 7.

Da ersteres in der einschlägigen Literatur fast durchweg angenommen wird[30], muß zuerst eine gründliche Prüfung — soweit sie zur Lösung dieser Frage erforderlich ist — der Koalitionsfreiheit im allgemeinen und der Beamten und eines daraus evtl. entstehenden Beteiligungsanspruches erfolgen.

---

[30] *Grabendorff - Arend*, Beamtengesetz von Rheinland-Pfalz, § 105 Erl. Nr. 1; *Nilges*, Beteiligungsrecht, S. 38 ff.; *Lehners*, DDB 1966, S. 67 ff.; *Kühn*, ZBR 1962, S. 201 f.; *Wilhelm*, ZBR 1968, S. 61 ff. Ausbau des Beteiligungsrechts wegen der Koalitionsfreiheit fordern: *Neis*, Koalitionsfreiheit, S. 59; Entschließung des ÖTV-Gewerkschaftstages München 1968, DDB 1968, S. 180; *Reuter*, Lobbyismus oder verantwortliche Mitarbeit der Verbände? S. 76. Unentschieden: *Kaiser*, Die Stellung des Berufsbeamtentums und seiner Vertretungen im sozialen Rechtsstaat, S. 43; *Ule*, Grundfragen der deutschen Beamtenpolitik, S. 26; *Ule*, Öffentlicher Dienst, S. 669. Ablehnend: *Däubler*, Der Streik im öffentlichen Recht, S. 146 f., da Gewerkschaften nur eine Bittstellerrolle zugebilligt wird.

C. Das Beteiligungsrecht als Ausfluß der Koalitionsfreiheit

I. Die Koalitionsfreiheit im allgemeinen

1. Gewährleistung der Koalitionsfreiheit durch Art. 9 Abs. 3 GG

Die Vereinigungsfreiheit zur „Wahrung und Förderung der Arbeits- und Wirtschaftsbedingungen" wurde bereits durch die Weimarer Verfassung in Art. 159 WV gewährleistet. Dabei wurde der Begriff „Koalition" bewußt gemieden, da man der Ansicht war, der historische Begriff der Koalitionsfreiheit umfasse notwendigerweise das Streikrecht. Hierüber wollte man jedoch keine Entscheidung fällen[1]. Obwohl in der gleichartigen Bestimmung des Art. 9 Abs. 3 GG gleichfalls der Ausdruck Koalition nicht benutzt wird, bezeichnet man das Recht des Art. 9 Abs. 3 GG herkömmlicherweise als Koalitionsfreiheit[2]. Nach herrschender Meinung gewährleistet auch Art. 9 Abs. 3 GG nicht das Streikrecht[3].

Geht man nur vom Wortlaut des Art. 9 Abs. 3 GG aus, so könnten eine Vielzahl von wirtschaftlichen Vereinigungen seinen Schutz genießen. Doch wird die Koalitionsfreiheit — wie kein anderes Grundrecht — aus seinem geschichtlichen Werdegang verstanden und begrenzt[4]. Aus diesem Grunde wird es auch abgelehnt, eine an und für sich mögliche logische Verbindungslinie zu der gleichfalls in Art. 9 geregelten allgemeinen Vereinigungsfreiheit zu ziehen[5]. Art. 9 Abs. 3 GG enthält das Recht der Arbeitnehmer oder Arbeitgeber sich zusammenzuschließen, um die Arbeits- und Wirtschaftsbedingungen gegenüber dem

---

[1] *Anschütz*, Die Verfassung des Deutschen Reiches, Art. 159 Nr. 5; Berichte und Protokolle des Achten Ausschusses über den Entwurf einer Verfassung des Deutschen Reiches, 1920, S. 390.
[2] BVerfGE 18, 18 (25).
[3] *Hueck - Nipperdey*, Lehrbuch, S. 142; *Söllner*, Arbeitsrecht, S. 53; *Stein*, Staatsrecht, S. 170 stellt die h. M. in Frage wegen des durch das Notstandsverfassungsgesetz eingefügten Satzes 3.
[4] BVerfGE 4, 96 (101 f., 106, 108); 18, 18 (28 ff.); 19, 303 (312); *Stier - Somlo*, Deutsches Reichs- und Länderstaatsrecht, S. 464; *Huber*, Wirtschaftsverwaltungsrecht, S. 199, 383; *Stein*, Staatsrecht, S. 169.
[5] *Anschütz*, a.a.O., S. 731; *Dietz*, Die Koalitionsfreiheit, S. 419; *Huber*, a.a.O., S. 381; a. A. *Poetzsch - Heffter*, Handkommentar der Reichsverfassung, Art. 159 Anm. 3.

sozialen Gegenspieler[6] zu wahren und zu fördern. Eine Koalition im Sinne des Art. 9 Abs. 3 GG liegt nur vor[7], wenn sie bestimmte weitere Merkmale aufzeigt, wie sie sich gerade auf Grund der historischen Entwicklung herausgebildet haben. Die Koalition muß von ihrem sozialen Gegenspieler und vom Staat unabhängig[8] sein, es dürfen ihr nicht Mitglieder des sozialen Gegenspielers angehören („gegnerfrei"), und sie muß ein auf überbetrieblicher Basis freier, privatrechtlicher Zusammenschluß sein. In der Regel muß die Koalition bereit sein, die Arbeits- und Wirtschaftsbedingungen durch Tarifverträge zu regeln und den Abschluß eines Tarifvertrages notfalls durch Kampfmaßnahmen erzwingen.

2. Existenz- und Betätigungsgarantie der Koalitionen

Art. 9 Abs. 3 GG ist nicht nur ein Individualrecht, indem es die positive und negative Koalitionsfreiheit gewährleistet, sondern auch ein Korporationsrecht[9]. Es bietet dem Zusammenschluß selbst die Garantie der Existenz (Entstehen und Bestehen)[10]. Wäre es erlaubt, die Koalitionen zu verbieten oder ihre Tätigkeit zu behindern, wäre das Koalitionsrecht ein leerlaufendes Recht. Denn die Mitglieder einer Korporation gewinnen erst durch ihren Zusammenschluß jene Machtstellung, die sie im Wirtschaftsleben benötigen[11]. Den Koalitionen sind im Gegensatz zu den Vereinigungen des Art. 9 Abs. 1 GG durch die Koalitionsfreiheit bestimmte Betätigungsrechte gewährleistet, die nur sie und nicht der Einzelne ausüben können[12].

a) Betätigungsrecht gegenüber dem Sozialpartner

Nicht alle möglichen Betätigungen, um die Arbeits- und Wirtschaftsbedingungen zu fördern, nehmen an der Garantie des Art. 9 Abs. 3 GG

---

[6] Es entspricht den Wandlungen im Arbeitsrecht, daß in der Terminologie statt „sozialer Gegenspieler" bzw. „Gegner" der Begriff „Sozialpartner" überwiegend verwendet wird. Dies darf aber nicht darüber hinwegtäuschen, daß es sich immer um Partner mit Gegenpositionen handelt (*Dietz*, Die Koalitionsfreiheit, S. 441). Es werden im folgenden alle Begriffe entsprechend ihrer Aussagekraft benutzt.

[7] Vgl. *Hueck - Nipperdey*, Lehrbuch, S. 82 ff.; *Bauernfeind*, Die Mitgliedschaft in Koalitionen, S. 20 ff.

[8] BVerfGE 4, 96 (107); *Dietz*, Die Koalitionsfreiheit, S. 435.

[9] Vgl. *von Mangoldt - Klein*, Das Bonner Grundgesetz, S. 318.

[10] *Hueck - Nipperdey*, Lehrbuch, S. 136; BVerfGE 19, 303 (312).

[11] *Dietz*, a.a.O., S. 459; *Stein*, Staatsrecht, S. 168.

[12] BVerfGE 19, 303 (312); *von Mangoldt - Klein*, a.a.O., S. 327; *Stein*, Staatsrecht, S. 169.

teil, doch ein gewisser Mindestrahmen muß immer bestehen[13]. Das wichtigste Gestaltungsmittel ist der Tarifvertrag. Der Abschluß von Tarifverträgen durch die Gewerkschaften verhilft dem einzelnen Arbeitnehmer zu Arbeits- und Wirtschaftsbedingungen, die er als einzelner auf Grund seiner sozial schwachen Stellung sonst nicht vom Arbeitgeber zugebilligt bekäme. „Der Tarifvertrag regelt die Rechte und Pflichten der Tarifvertragsparteien und enthält Rechtsnormen, die den Inhalt, den Abschluß und die Beendigung von Arbeitsverhältnissen, sowie betriebliche und betriebsverfassungsrechtliche Fragen ordnen können" (§ 1 TVG). Der Staat hat hiermit weite Befugnisse den autonomen Koalitionen zugestanden, obwohl diese nicht seiner Kontrolle unterliegen und auch nicht durch vom Staat beaufsichtigte Wahlen demokratisch legitimiert sind[14]. Er vertraut dem freien Spiel der Kräfte, die in etwa gleich stark sind und damit vernünftige Kompromisse erwarten lassen. Die aktive Teilhabe des Staates an sämtlichen Tarifverhandlungen würde bei weitem seine Kräfte übersteigen. Neben dem für die Koalitionen und ihre Mitglieder wichtigstem Gebiet des Tarifvertrages ist noch das des Betriebsverfassungsrechts und des Personalvertretungswesens zu erwähnen, auf dem die Koalitionen tätig sind. Als das Bundesverfassungsgericht[15] den Kernbereich des Personalvertretungswesens in den Schutzbereich des Art. 9 Abs. 3 GG einbezog, hat es nicht auf die Besonderheiten des öffentlichen Dienstes abgestellt, so daß wohl auch das Betriebsverfassungsrecht dem Schutz des Art. 9 Abs. 3 GG unterliegt[16].

b) Betätigungsrecht gegenüber dem Staat

Das Grundrecht der Koalitionsfreiheit ist in erster Linie gegen den Staat gerichtet[17]. Während man am Anfang bemüht war, diese Freiheitssphäre vom Staat eingeräumt zu erhalten, sollten später Eingriffe vom Staat abgewehrt werden.

Der Gesetzgeber ist jedoch nicht verpflichtet, das weite Feld des Arbeitslebens der autonomen Gestaltungsbefugnis der Koalitionen völlig zu überlassen, sondern er kann selbst Regelungen treffen, die eigentlich auch durch Tarifverträge hätten geregelt werden können[18].

---
[13] *Stein*, Staatsrecht, S. 170 f.; BVerfGE 18, 18 (26); *Hueck - Nipperdey*, Lehrbuch, S. 139.
[14] Vgl. *Stein*, Staatsrecht, S. 138 f.; *Schneider*, Die Interessenverbände, S. 132.
[15] BVerfGE 19, 303 (314, 321 f.).
[16] *Stein*, Staatsrecht, S. 170.
[17] *Söllner*, Arbeitsrecht, S. 53; *von Mangoldt - Klein*, Das Bonner Grundgesetz, S. 328; *Reuß*, Rechtsgutachten, S. 14; *Dietz*, Die Koalitionsfreiheit, S. 447.
[18] *Dietz*, a.a.O., S. 435.

C. Das Beteiligungsrecht als Ausfluß der Koalitionsfreiheit

Das Betätigungsrecht der Koalitionen gegenüber dem sozialen Gegenspieler beschränkt sich insofern darauf, im Rahmen der Gesetze handeln zu können, doch muß den Koalitionen ein Betätigungsbereich für ihre Tarifverträge verbleiben[19]. So setzen einige Gesetze, wie z. B. das Kündigungsschutzgesetz, das Bundesurlaubsgesetz und die Arbeitszeitordnung, nur gewisse Mindest- bzw. Höchstbedingungen fest.

Fraglich ist es, ob sich der verfassungsrechtlich geschützte Betätigungsbereich auch auf den Bereich der Arbeits- und Wirtschaftsbedingungen erstreckt, der durch Gesetze und Rechtsverordnungen gestaltet wird. Haben die Koalitionen der übrigen Arbeitnehmer und Arbeitgeber hierbei zudem ein Betätigungsrecht, wird man es den Beamtenverbänden erst recht zubilligen müssen, weil die Dienstbedingungen der Beamten nur durch Rechtsnormen geregelt werden. Diese Frage wird von der Wissenschaft meist nur nebenbei berührt und nicht einheitlich beantwortet.

Nipperdey[20] ist der Ansicht, daß die Koalitionen die Interessen ihrer Mitglieder auch gegenüber dem Staat, vor allem hinsichtlich der zukünftigen Gesetzgebung, wahrnehmen können und müssen. Die weite Wortfassung des Art. 9 Abs. 3 GG dehne die Aufgaben auch auf das politische Gebiet insofern aus, als es sich um sozial- und wirtschaftspolitische[21] Förderung der Mitglieder handle. Die friedliche Wahrnehmung der Mitgliederinteressen gegenüber dem Staat sei ebenso geschützt, wie die gegenüber dem sozialen Gegenspieler. Er weist weiter darauf hin, daß die Koalitionen bei sozialpolitischen Gesetzentwürfen der Regierung in Übereinstimmung mit der Empfehlung Nr. 113[22] der Internationalen Arbeitsorganisation gehört werden.

Auch nach der Meinung Söllners[23] unterliegt dieser Bereich dem verfassungsrechtlichen Schutz der Koalitionsfreiheit. Wenn den Verbänden die Wahrnehmung ihrer Interessen durch Anhörung im Gesetzgebungsverfahren entzogen werde, verlören sie so sehr an Einfluß, daß auch der Kernbereich ihrer verfassungsmäßigen Aufgaben — Vertre-

---

[19] *Däubler*, Der Streik im öffentlichen Dienst, S. 150 ff., geht auch davon aus, daß ein „ius evocandi" des Staates nicht unbeschränkt besteht. Dies nimmt er auch für den öffentlichen Dienst an und fordert auch aus diesem Grund den Abschluß von Beamtentarifverträgen.
[20] *Hueck - Nipperdey*, Lehrbuch, S. 105.
[21] Im folgenden wird dieser Bereich nur als sozialpolitischer Bereich bezeichnet, um ihn von der reinen Wirtschaftspolitik abzugrenzen, die nur indirekte Auswirkungen auf die Arbeits- und Wirtschaftsbedingungen im Sinne des Art. 9 Abs. 3 GG hat. Zum Begriff der Wirtschaftsbedingungen vgl. *von Mangoldt - Klein*, Das Bonner Grundgesetz, S. 329.
[22] *Hueck - Nipperdey*, Lehrbuch, S. 196.
[23] *Söllner*, Arbeitsrecht, S. 52.

tung der Mitglieder bei Tarifverträgen — gefährdet wäre. Andererseits legt sich Söllner nicht fest, welche Tätigkeiten im einzelnen geschützt sind. Dies müsse von Fall zu Fall entschieden werden, Abgrenzungskriterien seien hierbei die geschichtliche Entwicklung und die Wertungen des Gesetzgebers.

Nach der Ansicht Schnorr's[24] haben die Berufsverbände allein auf Grund des Art. 9 Abs. 3 GG keinen bestimmten Anspruch auf eine bestimmte Form der Mitwirkung bei den Institutionen des Staates. Die Berufsverbände seien jedoch so stark in eine gesellschaftstragende Stellung hineingewachsen, daß ihr völliges Übergehen durch den Staat bei der Gestaltung der sozialen Ordnung ihrer Institutionalisierung nicht gerecht würde. Dem Staat stehe es nur frei, die Form der Mitwirkung der Berufsverbände bei der Sozialgestaltung zu bestimmen, er müsse die Meinung der Sozialpartner jedoch irgendwie beachten.

Am vorsichtigsten argumentiert Dietz[25], wenn er feststellt, daß die Koalitionen die Förderung ihrer Arbeitsbedingungen auch gegenüber dem Staat betreiben können. Doch bestehe ein verfassungsrechtlich garantierter Mindestrahmen für diese Betätigung nicht. Der einfache Gesetzgeber schaffe mit seiner Regelung bestimmter Betätigungsbereiche der Koalitionen kein Verfassungsrecht.

aa) Müssen die Koalitionen sich auf sozialpolitischem Gebiet betätigen?

Die recht unterschiedlichen Meinungen zeigen, daß bei der Frage eines Betätigungsrechtes der Koalitionen gegenüber dem Staat differenziert vorgegangen werden muß. Sollten die Koalitionen verpflichtet sein, sich auf sozialpolitischem Gebiet zu betätigen, dann ist selbstverständlich dieser Betätigungsbereich auch verfassungsrechtlich geschützt. Diese Ansicht Nipperdey's findet jedoch keinen Rückhalt in der Entwicklungsgeschichte des Koalitionsrechts. Es wurde noch nie gefordert, daß Koalitionen sich auf allen Gebieten betätigen müssen, wo es ihnen dank der Koalitionsfreiheit möglich ist, wenn sie ihre Eigenschaft als Koalition nicht verlieren wollen. Nicht alle Koalitionen nehmen z. B. an Betriebsratswahlen oder Wahlen der Sozialversicherungsträger teil[26]. Viele Koalitionen wären viel zu klein und hätten

---

[24] *Schnorr*, Kollektivmacht und Individualrechte im Berufsverbandswesen, S. 244 Anm. 41.
[25] *Dietz*, Die Koalitionsfreiheit, S. 422 Anm. 24, 462; ebenso *Nikisch*, Arbeitsrecht, S. 5 f.
[26] *Schneider*, Die Interessenverbände, S. 100.

nicht die nötigen Mittel, um sich über die Gesetzgebungsarbeiten zu informieren und hierauf Einfluß zu nehmen. So überlassen es selbst die großen Gewerkschaften ihren Spitzenorganisationen, sie gegenüber den gesetzgebenden Körperschaften und Behörden zu vertreten. Die Annahme, daß eine Pflicht zur Betätigung auf dem sozialpolitischen Gebiet gegenüber dem Staat besteht, ist nicht ein historischer Bestandteil der Koalitionsfreiheit und schränkt diese unnötig ein, wenn davon der Verlust der Eigenschaft als Koalition abhängt.

bb) Ist der sozialpolitische Bereich ein Bestandteil des Betätigungsbereiches des Art. 9 Abs. 3 GG?

Es gibt eine Unzahl von Verbänden bis zu den Kirchen, die auf die sozialpolitische Gesetzgebung Einfluß zu nehmen versuchen, ohne daß sie Koalitionen im Sinne des Art. 9 Abs. 3 GG sind. Die Koalitionen betätigen sich auch auf diesem Gebiet, ein Alleinvertretungsanspruch der Koalitionen — wie im Tarifrecht — bestand jedoch nie. Dies schließt nicht aus, daß dieser Bereich dennoch durch Art. 9 Abs. 3 GG geschützt wird. Auf dem Gebiet des Betriebsverfassungsrechts oder des Personalvertretungsrechts betätigen sich ebenfalls die Koalitionen, ohne daß ihnen dieser Bereich ausschließlich überlassen worden ist, so können an den dort durchzuführenden Wahlen auch andere Organisationen Listen aufstellen. Das Bundesverfassungsgericht[27] hat aber anerkannt, daß zumindest im Gebiet des Personalvertretungsrechts ein Kernbereich der Koalitionsbetätigung dem Schutz des Art. 9 Abs. 3 GG unterliegt. Es ist also kein wesensnotwendiges Merkmal des durch die Koalitionsfreiheit geschützten Betätigungsbereiches, daß die Koalitionen ausschließlich das Recht haben, sich in diesem Bereich zu betätigen und andere Verbände davon ausgeschlossen sind. Es gibt keine sinnvollen Gründe, die eine solche Annahme rechtfertigen könnten.

Nun ist nicht jeder Bereich, in dem die Koalitionen sich betätigen, durch Art. 9 Abs. 3 GG geschützt. Es muß hinzukommen, daß die Koalitionen dabei das Ziel verfolgen, die Arbeits- und Wirtschaftsbedingungen zu wahren und zu fördern[28]. Da dies der Fall ist, wenn die Koalitionen sich um die das Arbeitsleben betreffenden Rechtsnormen kümmern und ihre Ansichten den zuständigen Organen zu Gehör bringen, wird man den sozialpolitischen Bereich in den Schutzbereich des Art. 9 Abs. 3 GG einbeziehen müssen. Für diese Ansicht wird man als stützende Argumente noch das Bekenntnis des Grundgesetzes zum Sozialstaat, das für die Auslegung des Art. 9 Abs. 3 GG besondere

---

[27] BVerfGE 19, 303 (314, 321).
[28] BVerfGE 19, 303 (312); *Nikisch*, Arbeitsrecht, S. 73.

Bedeutung hat[29] und den früheren Einbau der Koalitionen in den Reichswirtschaftsrat — als ein Zeichen dafür, daß die Koalitionen für die berufenen Anwälte des sozialpolitischen Wohles gehalten werden können — heranziehen können, was in einem anderen Zusammenhang noch näher behandelt werden soll. Die praktische Auswirkung dieser Ansicht ist, daß die Koalitionen sich auf Art. 9 Abs. 3 GG berufen können, wenn ihr Wirken im sozialpolitischen Bereich behindert wird, während den anderen Verbänden nur der geringere Schutz des Art. 2 Abs. 1 i. V. m. Art. 19 Abs. 3 GG zusteht. Diese Auslegung wird auch dem rechtlich nur schwer qualifizierbaren Status[30] gerecht, den die Koalitionen neben den Kirchen in unserer Gesellschaftsordnung haben. Sie stellen gegenüber den anderen Verbänden nicht nur rechtlich, sondern auch tatsächlich in ihrem Einfluß, Aufgabenstellung und Vertrauenskapital etwas Besonderes dar.

cc) Haben die Koalitionen einen Anspruch
auf bestimmte Betätigungsmittel im sozialpolitischen Bereich?

Verbände nehmen auf vielfältige Art[31] Einfluß auf die Rechtsetzung. So führen sie Protestveranstaltungen, Demonstrationen, Plakat- und Annonceaktionen durch, veröffentlichen Gutachten, Denkschriften und Resolutionen, treten an Abgeordnete und Regierung heran und sind in Beiräten und Kommissionen vertreten. Doch die für uns entscheidende Frage ist nicht, wie sie die Rechtsetzung beeinflussen und inwieweit ihre Tätigkeit verfassungsrechtlich geschützt ist, sondern ob die Koalitionsfreiheit den Koalitionen einen Anspruch auf eine bestimmte Form der Beteiligung oder Einbau in das Rechtsetzungsverfahren verschafft. Das Grundgesetz erwähnt bei dem Gesetzgebungsverfahren weder die Koalitionen noch die sonstigen Verbände. Betrachtet man die Privilegierung der Parteien bei der politischen Willensbildung durch Art. 21 Abs. 1 GG, könnte man sogar zu der Forderung gelangen, daß alle anderen Organisationen sich in politischer Enthaltsamkeit zu üben haben. Doch die Parteien haben bei der politischen Willensbildung nur mitzuwirken[32], wie das Grundgesetz es klar formuliert, und es ist ihnen nicht einmal garantiert, daß sie die Rechtsetzung beeinflussen können.

---

[29] BVerfGE 4, 96 (102).
[30] *Nikisch*, Arbeitsrecht, S. 71 bezeichnet die Gewerkschaften als „beliehene Verbände"; ebenso *Hueck - Nipperdey*, Lehrbuch, S. 193; vgl. auch *Huber*, Wirtschaftsverwaltungsrecht, S. 356.
[31] Vgl. *Schneider*, Die Interessenverbände, S. 78 ff.
[32] Vgl. *Stein*, Staatsrecht, S. 143 f.; *Wittkämper*, Grundgesetz und Interessenverbände, S. 160 ff.; *von Mangoldt - Klein*, Das Bonner Grundgesetz, Art. 21 Anm. III 4 b; *Maunz - Dürig - Herzog*, Grundgesetz, Art. 21 Rdnr. 37.

Denn eine Beeinflussungsmöglichkeit besteht nur, wenn sie im Parlament vertreten sind. Auf eine Vertretung im Parlament haben sie offensichtlich keinen Anspruch, das hängt allein vom Willen des Volkes, wie er in den Wahlen zum Ausdruck kommt, ab.

Es hat sich auch nicht unabhängig vom Grundgesetz eine bestimmte Form der Beteiligung der Koalitionen entfaltet. Soweit sie von der Regierung oder dem Parlament gehört werden, geschieht dies auf absolut freiwilliger Basis, und es liegt auch nicht eine ständige Übung mit der Folge, daß sich daraus unter Umständen ein Rechtsanspruch entwickelt hätte, vor. Die Entscheidung, ob man die Koalitionen anhört, wird in der Regel nicht einmal von der Regierung[33] oder dem Parlament getroffen, sondern von den Ministern[34] oder den Ausschüssen des Bundestages bzw. Bundesrates.

Es gibt keine überzeugende Gründe, weshalb man die Koalitionen gegenüber den anderen Verbänden hier bevorzugen sollte, es sei denn, man billigt ihnen — wie sie selbst annehmen — eine besondere staatstragende und staatserhaltende Funktion zu[35] und leitet daraus Rechtsansprüche ab. Dabei muß man jedoch beachten, daß bei solchen Forderungen gegen das Schweigen der Verfassung der Wert der geschriebenen Verfassung beeinträchtigt wird und eine Rechtsunsicherheit entsteht. Obwohl man den deutschen Koalitionen ein außerordentliches Verantwortungsgefühl für das Allgemeinwohl zubilligen kann, bleiben sie schließlich doch Interessenverbände[36] und müssen dies wohl auch, wenn sie den Status der Koalition beibehalten wollen[37] und nicht zu einer politischen Organisation oder gar zu einem Staatsorgan werden wollen. Neben den Koalitionen werden bei wichtigen sozialpolitischen Entscheidungen vor allem die Kirchen gehört, und es gibt auch keine dahingehende Rechtsüberzeugung, daß nur die Koalitionen auf Grund der Koalitionsfreiheit bei solchen Entscheidungen gehört werden müssen. Bei Berücksichtigung der Tatsache, daß die freien Berufe durch Gesetze und Rechtsverordnungen in viel größerem Maße als die Arbeitnehmer in ihrer Tätigkeit eingeschränkt werden, hat eine Bevorzugung der Koalitionen auch keine innere Berechtigung. Die Koalitionen haben in ihrer geschichtlichen Entwicklung keine spezifisch koalitionsgemäßen

---

[33] Auf die Nachteile und Vorzüge von Verhandlungen des Bundeskanzlers mit den Verbänden weisen hin: Eschenburg, Institutionelle Sorgen in der Bundesrepublik, S. 243; *Hennis*, Politik, S. 200.
[34] *Loewenberg*, Parlamentarismus im Politischen System der Bundesrepublik Deutschland, S. 343.
[35] Vgl. *Schneider*, Die Interessenverbände, S. 88 f.
[36] *Lehners*, DDB 1964, S. 69.
[37] *Müller*, Der Betrieb 1957, S. 721.

I. Die Koalitionsfreiheit im allgemeinen

Betätigungsmittel[38] erhalten oder erworben, die ihnen erlauben, in anderer Weise als die übrigen Verbände auf die sozialpolitische Rechtsetzung Einfluß auszuüben[39].

In der Regel begnügt man sich, wenn man den Schutzbereich des Art. 9 Abs. 3 GG absteckt, auf die Vergangenheit zurückzublicken, doch das Sozialstaatsprinzip in Verbindung mit der Koalitionsfreiheit könnte dazu führen, den Koalitionen gewisse Ansprüche neu zuzubilligen und die Koalitionsfreiheit als ein dynamisch fortzuentwickelndes Grundprinzip unserer Gesellschaftsordnung zu sehen. Es ist nicht recht einsichtig, aus welchen Gründen die Koalitionsfreiheit auf die Entwicklung, wie sie in der Vergangenheit stattgefunden hat, beschränkt sein sollte. Soweit das historische Verständnis des Art. 9 Abs. 3 GG dazu dient, die äußerst weite Fassung des Art. 9 Abs. 3 GG zu begrenzen und die einzelnen Begriffe zu deuten, ist hiergegen kein Widerspruch anzumelden, weil es sich um eine gesicherte Auslegungsmethode handelt[40]. Es geht aber nicht an, gleichzeitig damit einen Kernbestand zu fixieren, der nicht mehr geändert, eingeschränkt oder erweitert werden könnte. So bezieht man heute, obwohl die Koalitionsfreiheit mit den gleichen Worten wie in der Weimarer Verfassung im Grundgesetz garantiert ist, das Personalvertretungswesen und Betriebsverfassungsrecht — eine Entwicklung, die im wesentlichen erst in der Weimarer Republik stattfand und noch durch gesonderte Bestimmungen in der Weimarer Verfassung (Art. 130 Abs. 3, 165 WV) vorangetrieben und geschützt werden sollte — mit in Art. 9 Abs. 3 GG ein. Nun kann nicht jede Entwicklung, die es den Koalitionen ermöglicht Einfluß im sozialpolitischen Raum auszuüben, gleich als neuer Bestandteil der Koalitionsfreiheit bezeichnet werden[41], weil ohne diese Entwicklung die Wirkungsmöglichkeiten der Koalitionen geringer und die Koalitionsfreiheit nicht so effektiv seien. Solche Schlußfolgerungen würden den Gesetzgeber in seiner Tätigkeit sehr hemmen und einen gewissen Stillstand in der Gesetzgebung hervorrufen. Denn die Auswirkungen von Gesetzen lassen sich erst nach längerer Zeit überschauen, könnten diese dann nicht mehr geändert werden, würde man immer seltener Gesetze erlassen, die ein Grundrecht besonders wirksam machen. Gesetze, die der Koalitionsfreiheit neuen Raum und neue Betätigungsformen verschaffen, befinden sich erst eine Zeit lang auf dem

---

[38] Vgl. zu diesem Begriff BVerfGE 18, 18 (26).
[39] *Nikisch*, Arbeitsrecht, S. 138: „Die Gewerkschaften können in dieser Beziehung keine Sonderstellung für sich beanspruchen. Das Verfahren für die Staatswillensbildung ist festgelegt, Art. 20 Abs. 2, 38 Abs. 1 GG." Vgl. auch *Schnorr*, Kollektivmacht und Individualrechte im Berufsverbandswesen, S. 245.
[40] Vgl. *Hesse*, Verfassungsrecht, S. 22 ff.
[41] *Dietz*, Die Koalisationsfreiheit, S. 462.

„Prüfstand"[42], später kann ein Umschlag erfolgen, der sie in ihrem Kernbestand der Garantie des Art. 9 Abs. 3 GG unterfallen lassen kann. Wann dieser Umschlag erfolgt und wie dieser erkennbar ist, ist eine äußerst schwierige Wertungsfrage, die bei allen Grundrechten auftaucht und noch nicht gelöst ist. Besondere Bedeutung hat diese Frage für das Sozialstaatsprinzip erlangt, weil unzählige neue Gesetze sozial sind. Wären nun alle diese Gesetze durch dieses Prinzip in ihrem Bestand geschützt, würde man jede weitere Entwicklung verhindern, weil der Gesetzgeber sich selbst unerträglich in seiner politischen Gestaltungsfreiheit einengen würde, zumal bedeutende „soziale" Gesetze selbst mit verfassungsändernder Mehrheit nicht mehr abgeschafft werden könnten (Art. 20 Abs. 1, 79 Abs. 3 GG). Indem die Koalitionen bei Gesetzgebungsarbeiten auf dem sozialpolitischen Gebiet angehört werden, hat man ihnen die Möglichkeit gegeben, sich auf diesem durch Art. 9 Abs. 3 GG geschützten Gebiet zu betätigen. Da dies jedoch auf freiwilliger Basis erfolgt und nur in den Geschäftsordnungen geregelt ist, hat sich hier keine neue Betätigungsform der Koalitionen entwickelt, die diesen nicht mehr entzogen werden könnte, weil sie sonst so an Einfluß verlören, daß auch der Kernbereich ihrer verfassungsmäßigen Aufgaben gefährdet wäre. Ihnen stehen so viel verschiedene Möglichkeiten der Einflußnahme offen, daß ihnen nicht die Anhörung gewährleistet sein muß.

Ist der sozialpolitische Bereich für die Koalitionen durch Art. 9 Abs. 3 GG geschützt, müssen ihnen dann nicht auch besondere Betätigungsformen an die Hand gegeben werden? Abgesehen von der im verfassungsrechtlichen Bereich besonderen Fragwürdigkeit der These, mit den Aufgaben ständen einem auch die entsprechenden Mittel zu[43], könnte ein bestimmter Anspruch nicht geltend gemacht werden, weil es so viele Möglichkeiten gibt, wie der Gesetzgeber die Ansichten der Koalitionen zur Kenntnis nimmt und beachtet, daß nur eine Entscheidung vom Gesetzgeber im Rahmen seines freien Ermessens, aber nicht vom Bundesverfassungsgericht, gefällt werden könnte. Es wäre keineswegs notwendig, daß die Koalitionen im Rahmen des Gesetzgebungsverfahrens von der Bundesregierung, dem Bundestag oder dem Bundesrat „gehört" werden müßten, um ihre Meinung zu beachten.

Eine angebliche Verpflichtung zur Anhörung steht im Widerspruch dazu, daß im Grundgesetz kein Reichswirtschaftsrat vorgesehen ist, das Grundgesetz es also abgelehnt hat, die Mitwirkung der Koalitionen bei der Gesetzgebung zu institutionalisieren. Solch ein Anspruch wäre in seinem Kern ein verfassungsrechtlicher Anspruch, auch wenn er nur

---

[42] Vgl. zu dem folgenden *Fechner*, RdA 1955, S. 167.
[43] Vgl. *Drews - Wacke*, Allgemeines Polizeirecht, S. 42.

durch ein einfaches Gesetz oder eine Geschäftsordnung zugebilligt wird, weil er auf eine Mitwirkung beim Gesetzgebungsverfahren abzielt. Dieses bewußte Schweigen des Grundgesetzes ist stärker als solche Überlegungen und verbietet deshalb, einen Anspruch aus anderen Bestimmungen des Grundgesetzes herzuleiten. Dies gilt auch, wenn man den Sozialstaatsauftrag in Art. 20 Abs. 1, 28 Abs. 1 GG isoliert betrachtet. Indem man die Koalitionen anhört, bevor man wichtige sozialpolitische Gesetze erläßt, könnten Spannungen beseitigt oder verhindert werden. Die Bevorzugung der Koalitionen könnte wegen deren wichtigen Stellung für die Sozialpolitik sogar gerechtfertigt sein, selbst wenn andere Verbände, die wie z. B. die Kirchen, Verbraucher- oder Geschädigtenverbände an sozialpolitischen Entscheidungen mitwirken wollen, nicht angehört und dadurch neue Spannungen entstehen würden. Die Anhörung hat — wie bereits dargetan — sich noch nicht zu einer ständig geübten Rechtspraxis entwickelt. Ansprüche sind jedoch nur in den seltensten Fällen aus dem Sozialstaatsprinzip abzuleiten[44], erfüllbar wären sie nur, wenn dieser eine Anspruch — Anhörung der Koalitionen — unbedingt vom Sozialstaatsprinzip geboten wäre[45], was offensichtlich nicht der Fall ist[46].

II. Die Koalitionsfreiheit der Beamten

1. Die rechtlichen Grundlagen

Das Koalitionsrecht der Beamten paßt nicht so recht in das Gesamtbild der Koalitionsfreiheit[1]. Es hat sich nicht langsam entwickelt und wurde nicht von den Beamten erkämpft, sondern ihnen von dem Rat der Volksbeauftragten am 12. 11. 1918 in den Schoß gelegt. Damit sollte eine Entwicklung eingeleitet werden, die den Beamtenstand an die übrige Arbeitnehmerschaft heranführen sollte und deshalb von manchen als Beginn der inneren Zersetzung[2] des Beamtentums verstanden wurde. Doch die starken Beamtenorganisationen erreichten, daß die „wohlerworbenen Rechte der Beamten" verfassungsrechtlich gesichert wurden und verhinderten seltsamerweise

---

[44] *Fechner*, RdA 1955, S. 161; *Huber*, Rechtsstaat und Sozialstaat in der modernen Industriegesellschaft, S. 20.
[45] BVerfGE 18, 257 (267, 273).
[46] A. A. *Fees*, ZBR 1963, S. 139 nach dem § 94 BBG eine Legalinterpretation des Sozialstaatsprinzips ist.
[1] Vgl. *Nikisch*, Arbeitsrecht, S. 66 Anm. 12: *Hueck - Nipperdey*, Lehrbuch, S. 111; *Reuß*, Rechtsgutachten, S. 8.
[2] *Wittmayer*, Die Reichsverfassung, S. 87; vgl. auch *Gerber*, VVDStRL 7 (1932), S. 23.

C. Das Beteiligungsrecht als Ausfluß der Koalitionsfreiheit

gleichzeitig damit, daß sie zur Tarifvertragspartei wurden und ihre Machtstellung auf die Art verstärkten. Die spezielle[3] Verankerung der Vereinigungsfreiheit der Beamten in der Weimarer Verfassung sollte auch nicht mehr einen Demokratisierungseffekt auslösen. Man war sich einig, daß die Beamten nicht streiken[4] durften und ihre „Arbeits- und Wirtschaftsbedingungen" nur durch Rechtsnormen geregelt werden sollten. Obwohl die Beamtenkoalitionen dadurch in ihrer Tätigkeit erheblich beschränkt waren, billigte man ihnen nicht statt dessen irgendwelche besonderen Rechte zu. Eine Vertretung der Beamten im Reichswirtschaftsrat war nicht ausdrücklich vorgesehen, ihnen wurde aber das Recht verliehen, 5 Vertreter in den vorläufigen Reichswirtschaftsrat zu entsenden[5].

Im Bonner Grundgesetz ist die Koalitionsfreiheit der Beamten[6] nicht gesondert geregelt, so daß auch für sie Art. 9 Abs. 3 GG einschlägig ist. Die Beamten werden sowohl unter „jedermann" als auch „alle Berufe" angesprochen[7]. Die Entwicklung seit der WV hat es mit sich gebracht, daß man unter Arbeitnehmerkoalitionen auch die Beamtenkoalitionen versteht, obwohl deren Mitglieder in einem besonderen Dienst- und Treueverhältnis zum Staat stehen und auch sonst ihr Arbeitsverhältnis verschieden gestaltet ist[8]. Nur von der Entwicklungsgeschichte und der Tatsache her, daß Beamtenkoalitionen seit längerer Zeit bestehen, ist es verständlich und zulässig, wenn behauptet wird, die Beamten hätten das Koalitionsrecht des Art. 9 Abs. 3 GG gerade deshalb, weil es ihnen nicht mehr in einer gesonderten Bestimmung des Grundgesetzes zugesprochen wird[9]. Trotz der ins Auge fallenden Unterschiede zwischen den Beamtenkoalitionen und den sonstigen Arbeitnehmerkoalitionen war es schon in der Zeit der Weimarer Republik die Ausnahme, die Vereinigungsfreiheit der Beamten nicht mit der allgemeinen Koalitionsfreiheit gleichzusetzen und z. B. auch die Selbsthilfe durch

---

[3] *Gebhard*, Handkommentar zur Verfassung des Deutschen Reiches, Art. 130 Anm. 5 a; *Giese*, Die Verfassung des Deutschen Reiches, Art. 130 Anm. 3; *Apelt*, Geschichte der Weimarer Verfassung, S. 320.

[4] *Giese*, a.a.O., Art. 130 Anm. 3; *Gebhard*, a.a.O., Art. 130 Anm. 5 b; *Poetzsch - Heffter*, Handkommentar der Reichsverfassung, Art. 130 Anm. 3; *Anschütz*, Die Verfassung des Deutschen Reiches, S. 606, 734 f.; *Stier - Somlo*, Deutsches Reichs- und Länderstaatsrecht, S. 467 ff.

[5] *Giese*, a.a.O., Art. 130 Anm. 4.

[6] Die Koalitionsfreiheit in der Bundeswehr war lange umstritten. Durch den sog. Koalitionserlaß des Bundesministers der Verteidigung v. 1. 8. 1966 (= RdA 1966, S. 381) wurde festgestellt, daß Art. 9 Abs. 3 GG auch in der Bundeswehr gilt.

[7] BVerfGE 19, 303 (312); *von Mangoldt - Klein*, Das Bonner Grundgesetz, S. 329; *Neis*, Koalitionsfreiheit, S. 46.

[8] *Hueck - Nipperdey*, Lehrbuch, S. 91; *Nikisch*, Arbeitsrecht, S. 13.

[9] *Hueck - Nipperdey*, Lehrbuch, S. 76; *Schnorr*, RdA 1953, S. 378.

II. Die Koalitionsfreiheit der Beamten

Beamtenbanken[10] mitzuerfassen. Ule[11] will die Vereinigungsfreiheit der Beamten sogar in die hergebrachten Grundsätze des Berufsbeamtentums (Art. 33 Abs. 5 GG) mit einbeziehen, von denen nur aus zwingenden Gründen abgewichen werden kann. Allgemein wird angenommen, daß eine Beschränkung der Koalitionsfreiheit — wie auch sonstiger Grundrechte — für Beamte durch Art. 33 Abs. 5 GG gerechtfertigt sein könnte[12]. Das Bundesverfassungsgericht[13] läßt dem Gesetzgeber sogar recht große Möglichkeiten, denn seiner Meinung nach gehört nur ein generelles Betätigungsverbot der Beamten für eine Koalition nicht zu den hergebrachten Grundsätzen des Berufsbeamtentums und wird auch nicht durch Sinn und Zweck des Beamtenverhältnisses gefordert.

So hat § 91 BBG, der den Beamten uneingeschränkt das Recht zubilligt, sich in Gewerkschaften oder Berufsverbänden auf Grund der Vereinigungsfreiheit zusammenzuschließen, durchaus nicht nur deklaratorische Bedeutung[14], Art. 9 Abs. 3 GG sichert den Beamten nur einen sehr schmalen Kernbereich ihrer Vereinigungsfreiheit, in diesen Kernbereich nicht fallende Einschränkungen sind in jeder Form durch Gesetz, Rechtsverordnung, Verwaltungsvorschrift und Verwaltungsakt zulässig. § 91 BBG kann, da ein Gesetz, jedoch wiederum nur durch ein Gesetz, nicht in sonstiger Form abgeändert werden. Dies führt zu dem etwas kuriosen Ergebnis, daß eine Norm mit Gesetzeskraft, die in Worten das gleiche wie eine Verfassungsnorm sagt, für die Betroffenen im täglichen Leben mehr Bedeutung haben kann. Selbstverständlich muß der Beamte auch bei einer Tätigkeit für eine Koalition der Achtung und dem Vertrauen gerecht werden, die sein Beruf erfordern[15]. Die Tätigkeit für eine Koalition ist nicht genehmigungspflichtig[16], und der Beamte darf wegen dieser Tätigkeit nicht dienstlich gemaßregelt oder benachteiligt werden[17].

---

[10] *Gebhard*, a.a.O., Art. 130 Anm. 5 a.
[11] *Ule*, Öffentlicher Dienst, S. 571. Andererseits ist Ule (S. 568) der Ansicht, daß eine Einschränkung der Meinungs- und Vereinigungsfreiheit eines Tages geboten sein könnte, um das Berufsbeamtentum lebensfähig zu erhalten. Vgl. auch *Maunz - Dürig - Herzog*, Grundgesetz, Art. 33 Rdnr. 76.
[12] *Neis*, Koalitionsfreiheit, S. 51; *Nilges*, Beteiligungsrecht, S. 21 ff.; *Ule*, Öffentlicher Dienst, S. 634; *Maunz - Dürig - Herzog*, Grundgesetz, Art. 33 Rdnr. 72.
[13] BVerfGE 19, 303 (322).
[14] A. A. *Nilges*, Beteiligungsrecht, S. 19; *Neis*, Koalitionsfreiheit, S. 40.
[15] § 54 BBG.
[16] § 66 Abs. 1 Nr. 4 BBG.
[17] § 91 Abs. 2 BBG.

2. Die Beamtenkoalitionen als Rechtstatsache

Soeben wurde schon einmal angesprochen, daß die Beamtenkoalitionen als Rechtstatsache[18] den Begriff der Koalitionsfreiheit verändert haben; dies wäre nicht möglich gewesen, wenn es sich bei den organisierten Beamten um Ausnahmefälle gehandelt hätte und die Beamtenkoalitionen keine Bedeutung gehabt hätten. Bedeutende Vereinigungen gab es vor 1918 nur bei Post und Bahn, die im Petitionswege tätig wurden[19]. Die bei diesen technischen Verwaltungen beschäftigten Beamten unterschieden sich durch Herkunft und Ausbildung von dem üblichen Bild des Beamten und hatten keine Aversionen gegen eine Interessenvertretung. Doch bereits am 4. 12. 1918, am 12. 11. 1918 wurde ihnen erst die Vereinigungsfreiheit zugesichert, schlossen sich 1 Million in Einzelverbänden organisierte Beamte zum Deutschen Beamtenbund zusammen. Bald erfolgte jedoch wieder eine Zersplitterung in „Gesamtverband deutscher Beamtengewerkschaften", „Beamtenring" und „Allgemeiner deutscher Beamtenbund"[20]. Die deutsche Beamtenschaft war fast restlos zu 90- bis 95 % organisiert[21].

Heute sind die Beamten nicht nur mehr in Verbänden, die nach dem Berufsprinzip organisiert sind, sondern auch in den nach dem Industrieverbandsprinzip organisierten Gewerkschaften des DGB vertreten. Im Jahre 1969 waren im DGB 615 889[22] Beamte Mitglied, so daß diese von den 6 375 972 Mitgliedern des DGB einen Anteil von nahezu 10 % stellten. Die Beamten verteilen sich auf die einzelnen Gewerkschaften folgendermaßen:

Gewerkschaft Eisenbahner Deutschlands	179 787
Gewerkschaft Erziehung und Wissenschaft	96 835
Gewerkschaft Öffentliche Dienste, Transport und Verkehr	106 411
Deutsche Postgewerkschaft	229 395

Die anderen Verbände weisen folgende Mitgliederzahlen auf:

Deutscher Beamtenbund	717 569
Deutsches Beamtenkartell	137 056
Deutscher Richterbund	12 699

Die Zahlen beruhen auf den Angaben der Organisationen und sind nicht sehr verläßlich, zumal auch Ruhestandsbeamte in ihnen mitenthalten sind. Da es in der Bundesrepublik Deutschland zu dieser Zeit

---

[18] Vgl. *Reuß*, Rechtsgutachten, S. 18.
[19] *Kurth*, Geschichte der Gewerkschaften in Deutschland, S. 65.
[20] *Kurth*, a.a.O., S. 65.
[21] *Bergmann - Schlüter - Wickel*, Handbuch der Arbeit, S. 30.
[22] Die folgenden Zahlen sind dem Statistischen Jahrbuch für die Bundesrepublik Deutschland 1969 entnommen.

II. Die Koalitionsfreiheit der Beamten

insgesamt ca. 1 350 000 Beamte gab, 1 483 213 Mitglieder in den Verbänden sind, müßten sämtliche Beamte organisiert sein. Der wahre Organisationsgrad dürfte etwa bei 75 %[23] liegen. Vergleicht man den Organisationsgrad der Arbeiter mit 40 %[23] und der Angestellten mit 20 %[23], ist dies immer noch ein enorm hoher Organisationsgrad, zumal wenn man bedenkt, daß die Verbände keine Tarifverträge für die Beamten abschließen können, diese damit keine direkten Vorteile erhalten können und also die Verbände für die Beamten wie auch sonst im politischen Leben bedeutungslos sein müßten. Doch die Gründe für den erstaunlich hohen Organisationsgrad lassen sich leicht erkennen, wenn man ein von Soziologen entwickeltes Schema[24], das bei einer empirischen Untersuchung über die Verhaltensweisen der Verbände in ihrer Bedeutung für die wirtschaftspolitische Willensbildung in der Bundesrepublik Deutschland angewendet wurde, für die Beamten durchsieht.

„Ein Interessenverband hat umsomehr Macht (also Chance, seinen Willen durchzusetzen),
1. je leichter seine Interessen nach außen vertretbar,
2. je leichter sie nach innen organisierbar sind.

Diese Arbeitshypothesen können folgendermaßen aufgeklärt werden:
1. Interessen sind um so leichter nach außen vertretbar,
   a) je allgemeiner sie in der Öffentlichkeit anerkannt sind (je mehr die Verbandsideologie mit der Gesellschaftsideologie korrespondiert),
   b) je mehr der sie vertretende Verband legitimiert erscheint (was u. a. auch mit dem Alter des Verbandes zusammenhängt),
   c) je geschickter die Funktionäre,
   d) je besser die Öffentlichkeitsarbeit,
   e) je enger die personellen Beziehungen zu wirtschaftspolitischen Schlüsselstellungen (Parteien, Parlament, Exekutive),
   f) je größer die finanziellen Mittel,
   g) je größer die Mitgliederzahl,
   h) je stärker das Gruppenbewußtsein unter den Mitgliedern und die Verbundenheit mit der Verbandsspitze,
   i) je schwächer die verbandlichen Gegenkräfte und
   j) je besser die Interessen organisiert sind.
2. Interessen sind um so leichter organisierbar,
   a) je mehr Bedeutung ihnen die Interessierten beimessen,
   b) je kleiner der Kreis der Interessierten (Gegensatz zu 1 g),
   c) je stärker die verbandlichen Gegenkräfte (Gegensatz zu 1 i) sind."

Der hohe Organisationsgrad und die hierfür wohl deutlich gewordenen Gründe lassen die Feststellung zu, daß die Beamten der Ansicht

---
[23] *Schneider*, Die Interessenverbände, S. 53.
[24] *Schmölders*, Das Selbstbild der Verbände, S. 25. Entsprechende Thesen finden sich bei *Beyme*, Interessengruppen in der Demokratie, S. 38 ff.

sind, ihre Interessen seien ohne eine starke Interessenvertretung nicht ausreichend beim Parlament und der Regierung gewahrt, obwohl im Parlament schon immer viele Abgeordnete Beamte[25] waren. Es mag jedoch auch für Regierung und Parlament leichter sein, auf Forderungen der Beamtenverbände zu reagieren, als „ohne Grund" zu handeln. Weitere grundsätzliche Erwägungen über den Zwang, Interessen im pluralistischen Staat zu organisieren, sollten hier nicht angestellt werden, doch es steht fest, daß man die Beamtenverbände als eine recht bedeutsame Rechtstatsache hinnehmen muß.

Alle Beamtenverbände treten für die Erhaltung des Berufsbeamtentums ein, wenn sie auch die Akzente verschieden setzen[26]. Bei der Beamtenpolitik des DGB ist der Grund darin zu suchen, daß beim DGB bereits ein gewisser Integrationsprozeß von Beamten- und sonstigen Arbeitnehmerinteressen stattfindet. Es tritt auch keine Organisation für den Abschluß von Tarifverträgen ein, die Entschließung des XVI. Kongresses der Internationalen der öffentlichen Dienste im Jahre 1961, die echte Verhandlungsrechte für die Beamtengewerkschaften fordert[27], hat bisher keine Auswirkungen auf die Grundsätze des DGB gezeigt[28]. Das Streikrecht wird für Beamte ebenfalls abgelehnt, der DGB will jedoch den „Dienst nach Vorschrift"[29] nicht als Streik ansehen. Die beamtenpolitischen Tagungen des DGB und DBB finden bei Regierung, Parlament und Öffentlichkeit recht starken Widerhall. Beide Spitzenorganisationen treten für eine Fortentwicklung des Beamtenrechts und Ausbildung der Beamten entsprechend den Bedürfnissen unserer Zeit ein.

---

[25] *Loewenberg*, Parlamentarismus im politischen System der Bundesrepublik Deutschland, S. 165; *Schneider*, Die Interessenverbände, S. 120 ff.

[26] Vgl. *Schneider*, a.a.O., S. 53 ff.; *Breitling*, Die Verbände in der Bundesrepublik, S. 30 ff., 146 ff.

[27] DDB 1961, S. 147 f.

[28] In der Entschließung des ÖTV-Gewerkschaftstages München 1968 (DDB 1968, S. 180) wird ein Ausbau des Beteiligungsrechts gefordert. Zwischen Regierung und Beamtenverbänden müßten echte Verhandlungen stattfinden, eine weitgehende Präsenz der Gewerkschaftsvertreter bei der parlamentarischen Beratung im Bundestag sowie eine Anhörung im Bundesrat sei zu ermöglichen. Bestrebungen, sich einen Ausweg offen, bzw. ein Druckmittel bereitzuhalten, lassen sich auch aus dem Forschungsauftrag der ÖTV an Däubler erkennen, der hinsichtlich des Streikrechts zu einer von der h. M. abweichenden Auffassung gelangt; vgl. *Däubler*, Der Streik im öffentlichen Dienst, 1970.

[29] Vgl. *Distel*, Berufsbeamtentum heute — Tradition und Fortschritt, S. 23; dagegen *Neis*, Koalitionsfreiheit, S. 72.

3. Der Sozialpartner der Beamten und der Beamtenkoalitionen

a) Anwendbarkeit der Begriffe des Kollektivarbeitsrechts

Zur Beantwortung der Frage, ob den Beamtenkoalitionen ein Betätigungsrecht in der Form der Beteiligung bei der Vorbereitung von Rechtsnormen zusteht, muß vorher geklärt werden, wer der soziale Gegenspieler der Beamtenkoalitionen ist, und ob überhaupt die Grundsätze des Kollektivarbeitsrechts insoweit entsprechende Anwendung finden können. Für eine entsprechende Anwendung spricht vor allem die Zubilligung der Koalitionsfreiheit an die Beamten und folgerichtig auch an ihre Verbände, dagegen das besondere Verhältnis der Beamten zu ihrem Dienstherren und das Fehlen von Tarifverträgen.

Nicht zur Debatte steht die mögliche Forderung, auf Grund der Koalitionsfreiheit müßten Tarifverträge zwischen den Beamtenkoalitionen und dem Staat oder ähnliche Vereinbarungen, die den Beamtenkoalitionen echte Verhandlungsrechte gewähren, abgeschlossen werden, da das Grundgesetz unter den hergebrachten Grundsätzen des Art. 33 Abs. 5 GG die Regelung der Rechtsverhältnisse der Beamten durch Rechtsnormen vorsieht[30]. Hier liegt keine verfassungswidrige Verfassungsnorm[31] wegen der „höherrangigen" Koalitionsfreiheit vor, sondern dieses Spannungsverhältnis ist in der Verfassung angelegt und beabsichtigt[32]. Die Spitzenorganisationen beanspruchen auch nicht auf Grund der Koalitionsfreiheit solche Rechte, sondern die Beteiligung bei der Rechtsetzung. Man wird davon ausgehen müssen, daß die Koalitionsfreiheit in der im Arbeitsrecht entwickelten Ausgestaltung für die Beamten und ihre Verbände mindestens soweit Geltung hat, als sie nicht mit anderen Prinzipien kollidiert. Damit müssen auch für die Beamtenkoalitionen ein geschützter Betätigungsbereich und die Möglichkeit einer spezifisch koalitionsgemäßen Betätigung existieren, weil nur unter diesen Voraussetzungen die Koalitionsfreiheit der Beamten sinnvoll ist[33]. Beides nimmt das Bundesverfassungsgericht[34] für einen Kernbereich der Koalitionsbetätigung im Personalvertretungswesen an.

Sofern in der Literatur überhaupt auf den Sozialpartner der Beamtenkoalitionen eingegangen wird, wird als dieser der Staat bezeichnet[35]. Nun ist der Begriff des Staates ein außerordentlich vielschichtiger, und

---

[30] H. M. *Dietz*, Die Koalitionsfreiheit, S. 460 f.; a. A. *Däubler*, a.a.O., S. 150 ff.
[31] *Bachof*, Verfassungswidrige Verfassungsnormen? 1951.
[32] *Kalisch*, AöR, Bd. 78 (1952/53), S. 334.
[33] Vgl. *Reuß*, Rechtsgutachten, S. 12, 21.
[34] BVerfGE 19, 303 (314).
[35] *Dietz*, Die Koalitionsfreiheit, S. 422 Anm. 24; *Wacke*, Grundlagen des öffentlichen Dienstrechts, S. 106.

will man — wie die Beamtenkoalitionen — etwas vom Staat erreichen, tritt man an seine Organe heran, weil nur diese in der Lage sind, Ansprüche zu erfüllen bzw. den sozialen Gegenspieler darzustellen. Die Beamten wären auch in einer wenig beneidenswerten und der Wirklichkeit nicht entsprechenden Lage, wenn sie den gesamten Staat zum sozialen Gegenspieler hätten. Als Sozialpartner der Bundesbeamten können ernsthaft nur der Bundespräsident, der Bundestag und die Bundesregierung in Erwägung gezogen werden. Außer Betracht sollen die mittelbaren Bundesbeamten, deren Dienstherr eine bundesunmittelbare Körperschaft, Anstalt oder Stiftung des öffentlichen Rechts ist, sowie die Beamten der Bundespost und der Bundesbahn bleiben, weil sonst noch weitere — aber für das Ergebnis nicht wichtige — Komplikationen in die Betrachtung hineinkämen.

b) Der Bundespräsident als Sozialpartner

Der Bundespräsident hat eine Stellung inne, die in gewissen Beziehungen der des Kaisers und des Reichspräsidenten nachgebildet ist und entspricht. So ist gerade die traditionelle Fortführung bestimmter Rechte des Bundespräsidenten gegenüber den Beamten klar erkennbar. Nach Art. 18 Abs. 1 der Verfassung des Deutschen Reiches von 1871 stand dem Kaiser das Recht zu, die Reichsbeamten zu ernennen, dieselben für das Reich vereidigen zu lassen und erforderlichen Falles deren Entlassung zu verfügen. Der Reichspräsident hatte die Reichsbeamten zu ernennen und zu entlassen, soweit durch Gesetz nicht etwas anderes bestimmt war (Art. 46 WV).

Auch der Bundespräsident hat die Bundesbeamten zu ernennen und zu entlassen, soweit gesetzlich nichts anderes bestimmt ist (Art. 60 Abs. 1 GG). Solche traditionellen Rechte täuschen eine Stellung des Bundespräsidenten vor, die er im Verfassungsgefüge der Bundesrepublik Deutschland in Wirklichkeit nicht mehr, auch nicht gegenüber den Beamten, besitzt[36].

Konnte man vielleicht noch die Beamten des Kaiserreiches als kaiserliche Beamten bezeichnen, so sind sie heute auf keinen Fall bundespräsidiale Beamte. Zum einen kann dem Bundespräsidenten die Befugnis zur Ernennung und Entlassung durch ein Gesetz entzogen werden, zum anderen sind seine Rechte nur die eines „Staatsnotars" und nicht eines politisch aktiven Organs[37]. Er hat keine Möglichkeiten die Personalpolitik zu beeinflussen, indem er ein Vorschlags- oder Ableh-

---

[36] *Stein*, Staatsrecht, S. 89 f.

[37] Andererseits darf auch die Bedeutung des Bundespräsidenten für die aktuelle Politik nicht unterschätzt werden. Durch die interne Regelung des

nungsrecht hat, in der Regel erhält er nur die vorbereiteten Urkunden und nicht die Personalakten[38]. Soweit er überhaupt eine sachliche Prüfungsbefugnis hat, beschränkt sie sich auf rechtliche Hinderungsgründe[39]. Da der Bundespräsident weder Personalpolitik hinsichtlich der Bundesbeamten betreiben kann, noch deren „Arbeits- und Wirtschaftsbedingungen" durch Rechtsverordnungen gestalten, ist er nicht der soziale Gegenspieler der Beamten und ihrer Verbände.

c) Der Bundestag als Sozialpartner

Der Bundestag hat die beamtenrechtlichen Verhältnisse der Bundesbeamten durch zahlreiche Gesetze wie das Bundesbeamtengesetz, Bundespolizeibeamtengesetz, Bundesbesoldungsgesetz und das Gesetz über die Reisekostenvergütung geregelt. Doch der Bundestag hat auch die Arbeits- und Wirtschaftsbedingungen der Arbeitnehmer zu einem beträchtlichen Teil geregelt, ohne daß er deshalb der Sozialpartner der Arbeitnehmer und deren Gewerkschaften geworden ist. Es müssen also die Abgrenzungskriterien, die zum Sozialpartner der Arbeitnehmer geführt haben, entsprechende Anwendung bei den Bundesbeamten finden. Im Kollektivarbeitsrecht sind die sozialen Gegenspieler der Arbeitnehmer der einzelne Arbeitgeber und die Vereinigungen der Arbeitgeber[40]. Arbeitgeberfunktionen übt der Bundestag jedoch nicht aus, er treibt keine Personalpolitik, stellt keine Bundesbeamten ein und entläßt sie auch nicht. Die Beamten des Bundestages werden vom Präsidenten des Bundestages ernannt, entlassen und zurruhegesetzt (§ 176 BBG, § 7 Abs. 4 GeschO BT). Die Annahme, der Bundestag sei der soziale Gegenspieler der Bundesbeamten, verbietet sich auch wegen der Unabhängigkeit des Gesetzgebungsorgans; die Abgeordneten sind Vertreter des ganzen Volkes[41], aber nicht Vertreter oder Gegner einer Berufsgruppe, nämlich der der Bundesbeamten.

---

§ 5 GeschO BReg., wonach der Bundeskanzler den Bundespräsidenten laufend über seine Politik zu unterrichten hat, sowie durch die Teilnahme des Chefs des Bundespräsidialamtes an den Sitzungen der Regierung (§§ 21 Abs. 2, 23 Abs. 1 GeschO BReg.), sind dem Bundespräsidenten die technischen Möglichkeiten gegeben, einen beachtlichen Einfluß auszuüben. Hier ist ein treffendes Beispiel dafür zu finden, daß eine Verfassung ohne die einschlägigen Geschäftsordnungen nicht richtig gelesen werden kann. Das Recht der laufenden Unterrichtung steht eigentlich nur dem Bundesrat zu (Art. 53 S. 3 GG).

[38] § 4 Abs. 1 Durchführungsbestimmungen zur Anordnung des Bundespräsidenten über die Ernennung und Entlassung der Bundesbeamten und Bundesrichter v. 14. 10. 1955, BGBl. I S. 681, Sartorius I Nr. 166.

[39] Nicht so eng *von Mangoldt - Klein*, Das Bonner Grundgesetz, Art. 60 Anm. III 8; *Maunz - Dürig - Herzog*, Grundgesetz, Art. 60 Rdnr. 2 ff.

[40] § 2 Abs. 1 TVG, § 49 Betriebsverfassungsgesetz.

[41] Art. 38 Abs. 1 S. 2 GG.

Anderer Ansicht ist wohl das Bundesverfassungsgericht[42], wenn es feststellt: „Der Beamte steht dem Staat als seinem Dienstherren gegenüber, aber dieser Dienstherr ist in seiner Stellung als Gesetzgeber zugleich für die Regelung des Rechtsverhältnisses, die Verteilung der gegenseitigen Rechte und Pflichten allein zuständig und verantwortlich. Der einzelne Beamte hat keine eigenen rechtlichen Möglichkeiten, auf die Ausgestaltung seines Rechtsverhältnisses, insbesondere auf die Höhe seines Gehaltes einzuwirken, ebensowenig ist er nach hergebrachten Grundsätzen befugt, zur Förderung gemeinsamer Berufsinteressen kollektive wirtschaftliche Kampfmaßnahmen zu ergreifen." Das Bundesverfassungsgericht sagt zwar nicht ausdrücklich, der soziale Gegenspieler der Beamten sei der Bundestag, doch man muß dies aus der alleinigen Zuständigkeit und Verantwortlichkeit schließen. Nun ist jedoch der Bundestag gar nicht allein zuständig und verantwortlich, wie dies die neben den Gesetzen bestehenden zahlreichen Verordnungen für die Beamten beweisen, deren Rahmen nicht einmal immer — wie bei den Beihilfen[43] — vom Bundestag bestimmt ist. Auch für die Festsetzung der Rechte und Pflichten ist der Bundestag nicht allein zuständig und verantwortlich, er muß die Einzelheiten notgedrungen der Exekutive überlassen. Sollte damit gesagt sein, daß die letzte Verantwortung und Zuständigkeit beim Bundestag liegen, ist dies sicher richtig; soll aber etwa die letzte Verantwortung für das Wohl der übrigen Arbeitnehmer bei den Tarifpartnern liegen, muß der Bundestag nicht auch hier Mißständen entgegentreten, was er durch zahlreiche Gesetze getan hat[44]? Führt man diesen Gedankengang weiter, müßte es den Arbeitnehmern erlaubt sein, kollektive wirtschaftliche Kampfmaßnahmen gegen das Parlament zu ergreifen, da sie keine hergebrachten Grundsätze hindern[45]. Solche Folgerungen will das Bundesverfassungsgericht sicherlich nicht aus seinen Feststellungen gezogen wissen. Interessant ist noch, daß das Bundesverfassungsgericht aus rechtlichen und tatsächlichen Gründen dem einzelnen Beamten keine Möglichkeit einräumt, auf seine Rechtsverhältnisse einzuwirken, dies jedoch für Kollektivmaßnahmen, wenn auch nicht Kampfmaßnahmen annimmt. Befände sich jedoch der Beamte gegenüber dem Staat als Gesetzgeber in einer Gegnerstellung, wäre es in der Tat nur schwer begreiflich, daß dieser Gegner aus eigener Machtvollkommenheit die Rechtsverhältnisse seiner Gegner in alleiniger Zuständigkeit und Verantwortlichkeit fest-

---

[42] BVerfGE 8, 1 (17).

[43] Vgl. *Bachof,* Verfassungsrecht, Verwaltungsrecht, Verfahrensrecht, II 131.

[44] Vgl. *Hueck - Nipperdey,* Lehrbuch, S. 47.

[45] *Nikisch,* Arbeitsrecht, S. 137 f. ist beizupflichten, daß es sich um einen rechtswidrigen politischen Streik handeln würde, selbst wenn der Gegenstand des Gesetzes durch Tarifvertrag hätte geregelt werden können.

II. Die Koalitionsfreiheit der Beamten 45

setzen darf. Dann träfe die Begründung der Entschließung des 16. Kongresses der öffentlichen Dienste, in der echte Verhandlungsrechte der Gewerkschaften auch für die Beamten gefordert werden, zu: es sei ein Widerspruch zu der Demokratie, wenn der Staat in seiner Funktion als Arbeitgeber sich den gesetzlichen und moralischen Verpflichtungen entzieht, die er in seiner Funktion als Gesetzgeber allen Arbeitgebern der Privatwirtschaft auferlegt[46]. Die Rolle des Bundestages kann auf keinen Fall als die eines Gegenspielers, höchstens als die eines Schiedsrichters verstanden werden.

Der Bundestag hat begrenzte Kontrollbefugnisse gegenüber der Bundesregierung, die zwischen zwei Wahlperioden vom ständigen Ausschuß des Bundestages zu wahren sind, auch gegenüber der Personalpolitik, doch er kann nicht selbst Personalpolitik betreiben, insbesondere Bundesbeamte einstellen, befördern, tadeln, entlassen oder zurruhesetzen. Greift der Bundestag auch — gegenüber den sonstigen Arbeitnehmern — vergleichsweise in erheblich größerem Maße in die arbeitsrechtlichen Verhältnisse ein, vor allem durch die Regelung der Besoldung, ist er dennoch nicht der soziale Gegenspieler der Beamten und ihrer Verbände. Zur Abrundung des Bildes sei noch darauf hingewiesen, daß die Mehrzahl der Besoldungsänderungsgesetze auf Regierungsentwürfen beruhen und meist im Anschluß an die Tarifverhandlungen im öffentlichen Dienst, die auf Seiten der Arbeitgeber vom Bundesinnenminister geführt werden, erfolgen und sich nach den dort erzielten Ergebnissen richten[47].

d) Die Bundesregierung als Sozialpartner

Die Bundesminister leiten die Bundesministerien, und die Bundesregierung ist die höchste Spitze der Bundesverwaltung[48], der die Bundesbeamten angehören, sie ist somit „Gegner von Amts wegen". Dennoch gibt es verschiedene Gesichtspunkte, die dagegensprechen, der Bundesregierung die Rolle des sozialen Gegenspielers der Beamten und ihrer Verbände zuzuerkennen. Die jeweilige Bundesregierung ist nur im geringen Maße in der Lage, wirkliche Personalpolitik wie ein Arbeitgeber zu betreiben und auf die Anstellungsverhältnisse der Beamten nachhaltigen Einfluß auszuüben. Denn die Beamten sind — mit der nicht ins Gewicht fallenden Ausnahme der sogenannten politischen Beamten[49] — durch Verwaltungsakt auf Lebenszeit in das Beamten-

---
[46] DDB 1961, S. 147 f.
[47] Vgl. *Mayer* in *Morstein Marx*, Verwaltung, S. 11.
[48] *Stein*, Staatsrecht, S. 79 f.
[49] § 36 BBG.

verhältnis berufen[50], Einstellungen und Beförderungen erfolgen nach sachlichen, normierten Maßstäben[51], die nicht nach den jeweiligen Interessen einer Regierung manipulierbar sind. Die Besoldung der Beamten wird durch den Bundestag festgesetzt[52] und ist auch wegen des Alimentationsprinzipes nicht ohne weiteres mit einem Arbeitslohn vergleichbar, wie auch eine Entschädigung für Überstunden nicht erfolgt. Da Bundesbeamte wie Bundesregierung Angehörige der Exekutive sind, beide in einem Organschafts- und Repräsentationsverhältnis zum Staat stehen, könnte eine Gegnerstellung illoyal und rechtlich unmöglich sein[53]. Begreift man dies alles als Aspekte des Herrschaftsverhältnisses, eines besonderen Gewaltverhältnisses mit Über- und Unterordnung, muß man eine scharfe Trennungslinie zwischen Beamten und Arbeitnehmern ziehen[54], die es nicht zuläßt, Begriffe des Kollektivarbeitsrechts entsprechend anzuwenden. Doch ist es ebenso falsch, vorhandene Unterschiede zu verkleinern, wie diese aufzubauschen. Beamtenrecht und Arbeitsrecht haben sich seit dem ersten Weltkrieg verändert und dabei nicht voneinander entfernt, sondern aneinander genähert[55]. Die für das Beamtenrecht bedeutsamste Entwicklung ist die Verrechtlichung und der — häufig in Anspruch genommene — Rechtsschutz im Beamtenverhältnis, was dem Herrschaftsverhältnis wesentlichen Abbruch getan hat. Durch die „Daseinsvorsorge" haben sich Aufgaben, Arbeitsweise und Ausbildung vieler Beamten geändert. Das in der Öffentlichkeit noch existierende einheitliche Bild vom (hoheitlichen) Beamten stimmt mit der Wirklichkeit nicht mehr überein, die Beamten sind nicht mehr eine in sich so geschlossene Gruppe wie früher. Auch das Vereinigungsrecht hat das Seine dazu beigetragen, daß die Beamten sich selbst nicht mehr für etwas vollkommen anderes als die sonstigen Arbeitnehmer verstehen. Sie fühlen sich trotz ihrer Lebensstellung in einem sozialen Abhängigkeitsverhältnis[56] und können daher durchaus als „arbeitnehmerähnliche Personen"[57] angesprochen werden. Die Wandlungen im Arbeitsrecht zeigen schon die Begriffe wie „personenrechtliches Gemeinschaftsverhältnis", „Treue- und Fürsorgepflicht" und „Sozialpartner"[58]. Gesetzlicher Kündigungsschutz und

---

[50] § 5 Abs. 1 Nr. 1 BBG i. V. m. Art. 33 Abs. 5 GG.
[51] §§ 7 ff. BBG.
[52] Besoldungsgesetze gibt es erst seit 1909, vgl. *Wurster - Gohla*, Bundesbesoldungsrecht, S. 2.
[53] Vgl. *Wacke*, Grundlagen des Öffentlichen Dienstrechts, S. 106.
[54] *Kaskel*, Beamtenrecht und Arbeitsrecht, S. 3 f., 17.
[55] Vgl. *Schick*, Beamtenrecht — Beamtentum — Beamte, Juristenzeitung 1970, S. 449.
[56] *Hueck - Nipperdey*, Lehrbuch, S. 91.
[57] Nicht in dem Sinne des Arbeitsrechts, vgl. *Söllner*, Arbeitsrecht, S. 24.
[58] Vgl. *Söllner*, Arbeitsrecht, S. 165 ff.

II. Die Koalitionsfreiheit der Beamten

Schutz durch die Arbeitsgerichte haben die Arbeitnehmer vom totalen, entwürdigenden Abhängigkeitsverhältnis zu einer gewissen sozialen Sicherheit und Selbständigkeit verholfen. Betrachtet man schließlich die im Bundesangestelltentarifvertrag festgelegten Arbeitsverhältnisse der Angestellten im öffentlichen Dienst, wird die Annäherung noch deutlicher. Der BAT verweist auf eine Reihe von — für das Arbeitsverhältnis wesentliche — Bestimmungen des Bundesbeamtengesetzes und unterwirft sich auch allen zukünftigen Änderungen des Bundesbeamtengesetzes durch den Gesetzgeber[59]. Der BAT ist zwischen den Gewerkschaften und der Bundesrepublik Deutschland, vertreten durch den Bundesinnenminister, abgeschlossen worden[60]. Damit kann auch für die Beamten, insbesondere wenn man die oft willkürliche Besetzung von Stellen durch Beamte oder Angestellte einbezieht, der wahre soziale Gegenspieler, also derjenige, der der Rolle des Arbeitgebers am ehesten entspricht, nur die Bundesregierung und nicht der Bundestag oder der Bundespräsident sein. So wird die Besoldungspolitik in erster Linie von der Bundesregierung betrieben, durch Verordnungen über die Arbeitszeit, Erholungsurlaub, Nebentätigkeit, Laufbahnen und Beihilfen werden die Beamtenverhältnisse gerade in Bezug auf die Arbeits- und Wirtschaftsbedingungen in wesentlichen Punkten geregelt. Die Bundesregierung ist in der Lage auf Grund ihrer Organisationsgewalt[61] einzelne Dienststellen zu verlegen oder aufzulösen, sie kann Beamte versetzen und sonst noch auf vielfältige Art und Weise die Dienstverhältnisse der Beamten maßgeblich gestalten.

Indem man der Bundesregierung die Rolle des sozialen Gegenspielers zuerkennt, sollen nun keine künstlichen und dem Beamtenverhältnis nicht entsprechende Gräben zwischen Bundesregierung und Beamten gezogen werden. Doch muß man auch das Abhängigkeitsverhältnis der Beamten sehen, das trotz seiner vielen Sicherungen mit dem der Arbeitnehmer verglichen werden kann und daher auch die Anwendung des Kollektivarbeitsrechts, soweit es auf zwei verschiedene Lager verweist, rechtfertigt. Lehnt man es wegen des Dienst- und Treueverhältnisses[62] und des dadurch geforderten loyalen Verhaltens der Beamten auch gegenüber der Bundesregierung ab, dieser eine solche Rolle zuzuerkennen, so schiebt man das Abhängigkeitsverhältnis einfach beiseite und versagt den Beamten und ihren Koalitionen den durch Art. 9 Abs. 3

---

[59] *Wacke*, Die Verwaltung, Heft 10 (1957), S. 12.
[60] Vgl. *Clemens - Scheuring*, Kommentar zum BAT, S. 5. Die Regierung verfügt durch den Abschluß von Tarifverträgen über beträchtliche Haushaltsmittel; dennoch ist es fraglich, ob der Bundestag Nachforderungen zustimmen muß.
[61] *Böckenförde*, Die Organisationsgewalt im Bereich der Regierung, S. 45 ff.
[62] Nach *Fees*, ZBR 1963, S. 138 ist dadurch eine Mitwirkung der Beamten bei der Regelung ihrer Rechtsverhältnisse nicht ausgeschlossen.

GG geschützten Betätigungsbereich, weil es hierfür eines Gegenspielers bedarf[63]. Entsprechendes gilt für das Wirtschaftsleben, wenn man aus dem neuen Verhältnis der Sozialpartner zueinander eine schließlich doch bestehende Gegnerstellung hinwegzaubern will. Ob den Beamten wegen des besonderen Dienst- und Treueverhältnisses und damit auch den Beamtenverbänden außer dem Streik noch andere Möglichkeiten der Betätigung versagt bleiben müssen, braucht hier nicht geklärt zu werden, ist aber anzunehmen. So ist es nicht genehmigungspflichtig, wenn die Beamten sich in Gewerkschaften und Berufsverbänden betätigen, doch bleibt die dienstliche Verantwortlichkeit der Beamten davon unberührt, und es ist Pflicht der Dienstvorgesetzten, Mißbräuchen entgegenzutreten (§ 66 Abs. 2 BBG). Letzte Zweifel an der der Bundesregierung zuerkannten Rolle des Gegenspielers könnten sich daraus ergeben, daß nicht diese, sondern nur der Bund oder eine bundesunmittelbare Körperschaft, Anstalt oder Stiftung des öffentlichen Rechts[64] Dienstherr der Bundesbeamten sein können. Doch ist die Dienstherrenfähigkeit ein technischer Ausdruck im Beamten- bzw. Staatsrecht, der nur besagt, wer das Recht im Staat besitzt, Beamte zu haben (§ 121 BRRG)[65]; über die verschiedenartige Stellung der einzelnen Organe zu den Beamten kann hieraus nichts gefolgert werden.

Die Bundesregierung ist der Sozialpartner der Beamten und ihrer Koalitionen[66], daneben können noch andere Personen in Betracht kommen, die eine arbeitgeberähnliche Position inne haben. Ausschlaggebend kann nicht die Stellung als Vorgesetzter sein, weil auch im Arbeitsrecht Weisungsbefugnis und Arbeitgeber sich nicht entsprechen[67]. Die Abgrenzungen sind bei den öffentlichen Organisationen recht schwierig[68] und nach der jeweils einschlägigen Gesetzeslage zu treffen; man wird jedoch die beamteten wie die parlamentarischen Staatssekretäre und die Abteilungsleiter wegen ihrer herausgehobenen Stellung einbeziehen müssen, im Rahmen des Personalvertretungsgesetzes sind es die Dienststellenleiter (§§ 8, 61 ff. Personalvertretungsgesetz).

---

[63] *Lehners*, DDB 1966, S. 68: die Beteiligung der Beamtenorganisationen muß grundsätzlich so ausgestaltet werden, daß die Gewerkschaft ihrer Natur nach Gegenspieler, Kontrahent, bleibt.

[64] § 2 Abs. 2 BBG.

[65] Vgl. *Pfennig*, Der Begriff des öffentlichen Dienstes und seiner Angehörigen, S. 44. Dieser Begriff wird jedoch nicht nur mit diesem Sinngehalt verwendet.

[66] *Fees*, ZBR 1963, S. 139 sieht wohl auch nur die Bundesregierung und nicht den Bundestag als „Partner" der Beamtenkoalitionen.

[67] *Schnorr*, RdA 1953, S. 378.

[68] Vgl. *Nipperdey*, Das Erfordernis der Gegnerfreiheit bei Koalitionen, namentlich im öffentlichen Dienst, S. 87 ff.

4. Betätigungsbereich und Betätigungsmittel der Beamtenkoalitionen gegenüber der Bundesregierung

Die Bundesregierung ist als sozialer Gegenspieler der Beamtenkoalitionen ausgemacht worden. Soweit nun die Beamtenkoalitionen die Arbeits- und Wirtschaftsbedingungen der Bundesbeamten gegenüber der Bundesregierung wahren und fördern, ist dieser Betätigungsbereich durch Art. 9 Abs. 3 GG geschützt. Die Bundesregierung regelt die Dienstbedingungen in erster Linie durch Rechtsverordnungen und Verwaltungsvorschriften, sie nimmt Einfluß darauf durch Gesetzentwürfe, die sie dem Parlament unterbreitet und mit Hilfe der Regierungskoalition durchzubringen versucht. Im Gegensatz zu dem Personalvertretungsrecht haben sich keine bestimmte Formen der Betätigung der Koalitionen in diesem Bereich entwickelt, die den Rückschluß zulassen, daß es sich um eine durch Art. 9 Abs. 3 GG geschützte spezifisch koalitionsgemäße Betätigung handle. Denn alle Verbände bemühen sich der Bundesregierung ihre Ansichten zu beabsichtigten Maßnahmen zu Gehör zu bringen und diese in ihrem Sinne zu beeinflussen. Dabei beschränken sich die Verbände nicht darauf zu warten, ob die Bundesregierung von sich aus sie um eine Stellungnahme bittet und geben diese dann ab, sondern sie versuchen durch viele Kanäle herauszubekommen, was im Gange ist, um möglichst frühzeitig jede Entwicklung beeinflussen zu können. Sie wollen jedoch nicht nur Entwicklungen beeinflussen, sondern sie versuchen diese zu steuern oder sogar erst in die Wege zu leiten und unterbreiten von sich aus Vorschläge. Dieses, in der politischen Praxis oft recht schwierige Agieren und Taktieren, wird in der Regel von den Spitzenorganisationen betrieben, weil es nicht in den Kräften der kleineren Verbände steht, sich um die recht umständliche, langwierige und zeitraubende Rechtsetzungsarbeit zu kümmern. Die Spitzenorganisationen der Koalitionen wirken dabei auf besonders breiter Front, keineswegs nur soweit es die durch Rechtsnormen festgelegten Arbeits- und Wirtschaftsbedingungen betrifft[69].

Während es sonst im Belieben der Bundesregierung steht, ob sie die Verbände anhört, könnte sie wegen der Koalitionsfreiheit der Beamten verpflichtet sein, die Beamtenverbände anzuhören oder in besonderer Form zu beteiligen. Dies wird man auf Grund der vorangegangenen

---

[69] Vgl. die Satzung des Deutschen Gewerkschaftsbundes in Arbeitsrecht-Blattei, Stichwort Berufsverbände: „§ 2 Zweck und Aufgaben
1. Zweck des Bundes ist die Zusammenfassung aller Gewerkschaften zu einer wirkungsvollen Einheit und Vertretung der gemeinsamen Interessen, insbesondere der Wirtschafts-, Sozial- und Kulturpolitik.
2. Hieraus ergeben sich für den Bund vornehmlich folgende Aufgaben:
    a) Vertretung der Gewerkschaften und ihrer gemeinsamen Forderungen gegenüber den gesetzgebenden Körperschaften und Behörden ...

Erörterungen annehmen müssen[70], denn die Beamten haben die Koalitionsfreiheit, ihr sozialer Gegner ist die Bundesregierung, und die Beamtenkoalitionen haben wie alle anderen Koalitionen einen geschützten Betätigungsbereich gegenüber ihrem sozialen Gegenspieler.

Da die Beamtenkoalitionen keine Tarifverträge abschließen können, müssen ihnen andere Formen der Betätigung offenstehen, die durchaus wegen der besonderen Art wie die Arbeits- und Wirtschaftsbedingungen der Beamten durch Rechtsnormen festgesetzt werden, sich als Anhörung oder Beteiligung bei den zu erlassenden Rechtsnormen darstellen können. Zweifelhaft ist es, ob man solch einen Anspruch auf die Gesetzentwürfe der Bundesregierung ausdehnen kann. Dadurch würde die eigentlich schlechtere Situation der Beamten in das Gegenteil verkehrt, weil sie an den sie betreffenden Gesetzentwürfen mitwirken könnten, die anderen Arbeitnehmer aber nicht. Nicht ausreichend ist es, die Beamtenkoalitionen auf das Personalvertretungswesen zu verweisen, da sich dieses Wirken auf die Dienststellen beschränkt. Dies ist nur ein Ausschnitt des Betätigungsbereiches gegenüber dem sozialen Gegenspieler, ähnlich wie das Betriebsverfassungsrecht. Die Bundesregierung kann die Beamtenkoalitionen in verschiedenster Weise[71] bei der Festsetzung der Arbeits- und Wirtschaftsbedingungen für die Beamten beteiligen, so daß die Beamtenkoalitionen keinen Anspruch auf eine bestimmte Form der Beteiligung durchsetzen könnten[72]. Anders verhält es sich mit bereits gesetzlich festgelegten Beteiligungsformen, die unter Umständen nicht mehr beseitigt werden könnten, wenn sie auf Grund der Koalitionsfreiheit gewährt wurden. Dies führt nun zu der Lösung der Frage, ob die Regelung des § 94 BBG durch Art. 9 Abs. 3 GG gewährleistet ist.

5. Das Beteiligungsrecht des § 94 BBG als spezifisch koalitionsgemäßes Betätigungsmittel

a) Die Beschränkung auf die Spitzenorganisationen

Ein entscheidendes Argument, daß § 94 BBG nicht ein durch Art. 9 Abs. 3 GG geschütztes Betätigungsmittel ist, läßt sich in der Beschränkung des Beteiligungsrechts auf die Spitzenorganisationen finden. Während es im Arbeitsrecht gerade als Besonderheit — zumindest auf Seiten der Gewerkschaften — anzusehen ist, daß auch Spitzenorganisatio-

---

[70] Vgl. *Thieme*, Empfiehlt es sich, das Beamtenrecht unter Berücksichtigung der Wandlungen von Staat und Gesellschaft neu zu ordnen, S. D 25.
[71] Vgl. *Neis*, Koalitionsfreiheit, S. 75 ff.
[72] Daher kann auch *Däubler*, Der Streik im öffentlichen Dienst, S. 150 ff. nicht gefolgt werden, wenn er aus Art. 9 Abs. 3 GG ablesen will, daß auch im Beamtenrecht Tarifverträge abgeschlossen werden müssen.

II. Die Koalitionsfreiheit der Beamten

nen im Namen der ihnen angeschlossenen Verbände Tarifverträge abschließen können, wenn sie eine entsprechende Vollmacht haben[73], soll dies hier die Regel ohne Ausnahme sein. Dabei sollen die Spitzenorganisationen nicht einmal als Vertreter der ihnen angeschlossenen — zuständigen Beamtengewerkschaften — auftreten, denn von einer Vollmacht wird ihre Beteiligung nicht abhängig gemacht. Es ist auch keineswegs selbstverständlich, daß die Spitzenorganisationen nur die Interessen der Beamten vertreten, vor allem wenn die Beamten wie im DGB nur einen kleinen Prozentsatz der Mitglieder darstellen. Die angeschlossenen Beamtengewerkschaften haben damit keine Gewähr, daß ihre Wünsche und Vorstellungen auf Grund des Beteiligungsrechts an diejenigen herangetragen werden, die mit der Vorbereitung allgemeiner Regelungen der beamtenrechtlichen Verhältnisse beschäftigt sind. Während dies für die angeschlossenen Verbände immerhin noch möglich ist, ist den anderen Verbänden, die keiner Spitzenorganisation angehören, diese Form der Beteiligung vollkommen verwehrt. Inwiefern jedoch die Zugehörigkeit eines Beamtenverbandes zu einer Spitzenorganisation ein sachlicher Anknüpfungspunkt für die Gewährung einer indirekten Beteiligung sein soll, ist unerfindlich[74].

Soweit erkennbar, hat von denjenigen, die der Ansicht sind, § 94 BBG sei durch die Koalitionsfreiheit gewährleistet, nur Nilges diesen Einwand gesehen und sich mit ihm auseinandergesetzt[75]. Um die Zulässigkeit dieser Beschränkung auf die Spitzenorganisationen zu begründen, führt er die Rechtsprechung des Bundesverfassungsgerichts zum Tarifvertragsrecht und zur sogenannten 5 %-Klausel[76] im Wahlrecht an.

Die für das Tarifvertragsrecht wesentlichen Ausführungen des Bundesverfassungsgerichts finden sich in den Leitsätzen 3 und 4 des Urteils vom 18. 11. 1954 (BVerfGE 4, 96):

„3. Mit dem Grundrecht der Koalitionsfreiheit ist nicht sogleich die Tariffähigkeit jeder beliebig gestalteten Vereinigung zur Wahrung und Förderung der Arbeits- und Wirtschaftsbedingungen garantiert. Art. 9 Abs. 3 GG gewährleistet jedoch die Institution eines gesetzlich geregelten und geschützten Tarifvertragssystems, dessen Partner freigebildete Koalitionen sein müssen.

---

[73] § 2 Abs. 2 TVG.
[74] Man wird den Beamtengewerkschaften einen „Verhandlungsanspruch" zubilligen müssen, da sie Verhandlungen nicht durch einen Streik erzwingen können. So allgemein für die Gewerkschaften *Hueck - Nipperdey*, Lehrbuch, S. 138; *Mayer - Maly*, RdA 1966, S. 201 ff. (207) gegen Bundesarbeitsgericht, AP Nr. 5.
[75] *Nilges*, Beteiligungsrecht, S. 82 ff.
[76] § 6 Abs. 4 Bundeswahlgesetz v. 7. 5. 1956.

4. Der mit der Koalitionsfreiheit gewährleistete Kernbereich des Tarifvertragssystems verbietet es dem Gesetzgeber, die von den Vereinigungen frei gewählten Organisationen schlechthin oder in entscheidendem Umfang bei der Regelung der Tariffähigkeit unberücksichtigt zu lassen und auf diese Weise das Grundrecht der Koalitionsfreiheit mittelbar auszuhöhlen."

Hinter dieser Rechtsprechung läßt sich der Grundgedanke finden, daß keine Freiheit ohne (immanente) Schranken sinnvoll existieren und ihre Aufgaben — in dem Fall eine sinnvolle Ordnung des Arbeitslebens — erfüllen kann. Doch eine Beschränkung darf nicht willkürlich erfolgen und hat sich immer nach dem Freiheitsbereich des betroffenen[77] Grundrechts zu richten. So wäre es den mit der Vorbereitung von Rechtsnormen befaßten Stellen nur schwer zumutbar, jede Organisation, in der Bundesbeamte organisiert sind, zu beteiligen, wenn eine große Zahl von Organisationen in Betracht käme[78]. Doch die Beschränkung auf die Spitzenorganisationen hat nichts mehr mit der Koalitionsfreiheit der einzelnen Beamtenverbände zu tun. So könnte ein sehr kleiner Beamtenverband, der einer Spitzenorganisation angehört, das Vorrecht des § 94 BBG indirekt genießen, während dies einem größeren Verband, der keiner Spitzenorganisation angeschlossen ist, vollkommen verwehrt ist. Daß aber gar kein Beamtenverband die Gewähr hat, daß seine Spitzenorganisation seine Meinung vertritt, weil die Spitzenorganisationen keine Vollmacht der angeschlossenen Beamtenverbände nachweisen müssen, ist mit dem Sinn der Koalitionsfreiheit nicht mehr vereinbar. Selbst wenn die Spitzenorganisationen die einzelnen Beamtenkoalitionen vertreten würden, wäre die Koalitionsfreiheit in unzulässiger Weise behindert, weil jede Koalition selbst die Möglichkeit zum Handeln haben muß. Neue Koalitionen könnten kaum mehr entstehen[79], da sie eine Spitzenorganisation finden müßten, die sie aufnimmt oder eine andere Koalition, mit der sie eine Spitzenorganisation bilden könnten, um das Beteiligungsrecht des § 94 BBG beanspruchen zu können, und sich unter diesen Voraussetzungen kaum ein Beamter ihnen anschließen würde.

Bei der Rechtsprechung des Bundesverfassungsgerichts zur 5 %-Klausel[80] handelt es sich um den gleichen Grundgedanken, in diesem kon-

---

[77] Vgl. *Hesse*, Verfassungsrecht, S. 125 ff.

[78] Denkbar wäre eine Regelung, wonach jeder Beamtenverband entsprechend seiner Größe eine bestimmte Anzahl von Mitgliedern in einem zu gründenden Ausschuß, der entsprechend § 94 BBG oder in einer vorteilhafteren Form zu beteiligen wäre, entsenden könnte. Die Mängel der oft formalen Beteiligung zeigen die Verbesserungsvorschläge von Behr, DDB 1963, S. 3 f.; Neis, Koalisationsfreiheit, S. 74; Entschließung des ÖTV-Gewerkschaftstages, München 1968, S. 180.

[79] Vgl. NJW 1953, S. 1407 f.

[80] BVerfGE 6, 84 (89 ff.); 13, 243 (246 f.).

kreten Fall soll die Parteienzersplitterung und die Regierungsinstabilität vermieden werden. Da dieses Argument keine neuen Gesichtspunkte einbringt, kann auch es nicht die Zulässigkeit der Beschränkung der Beteiligung auf die Spitzenorganisationen begründen.

b) *Die Beschränkung auf die Beteiligung bei der Vorbereitung allgemeiner Regelungen der beamtenrechtlichen Verhältnisse*

Man könnte auch aus der Beschränkung auf die Beteiligung herleiten, daß es sich nicht um eine spezifisch koalitionsgemäße Betätigung handle, weil andere Verbände, die keine Koalitionen sind, sich in der gleichen Form betätigen und außerdem keine echten Verhandlungsrechte damit gewährt sind. Sind jedoch die Koalitionen vom Wohlwollen[81] des sozialen Gegenspielers abhängig, ob er ihre Vorschläge beachtet und in seine einseitig festgesetzten Regelungen mit einbezieht, bestehen erhebliche Zweifel, daß es sich um spezifisch koalitionsgemäße Betätigungen handelt. Sonstige Koalitionen im Arbeitsrecht, die in entsprechender Weise von ihrem sozialen Gegenspieler abhängig wären, wären nicht mehr frei genug, um die Interessen ihrer Mitglieder wirksam zu vertreten und damit keine mehr durch Art. 9 Abs. 3 GG geschützte Koalition. Bei den Beamtenkoalitionen ist jedoch diese Beschränkung durch die besondere verfassungsrechtliche Lage geboten und kann daher nicht zum Entzug des Schutzes des Art. 9 Abs. 3 GG führen. Entsprechendes gilt dafür, daß auch andere Verbände in der gleichen Form auf die Rechtsetzung einzuwirken versuchen. Wesentlich andere Betätigungsformen stehen nicht zur Verfügung und für die Beamtenkoalitionen kann diese Beteiligung durchaus eine spezifisch koalitionsgemäße Betätigung sein, zumal sie einen Rechtsanspruch im Gegensatz zu den anderen Verbänden auf die Beteiligung haben. Unschädlich wäre es auch, wenn unter dem Begriff „beamtenrechtliche Verhältnisse" mehr als die Arbeits- und Wirtschaftsbedingungen oder die Dienstbedingungen zu verstehen wären. Von dieser Seite erheben sich also keine Einwände dagegen, daß § 94 durch Art. 9 Abs. 3 GG gewährleistet sei.

c) *§ 94 BBG als Ausfluß der allgemeinen Koalitionsfreiheit*

Die Regelung des § 94 BBG gibt zwar nicht den Beamtenkoalitionen die Möglichkeit einer durch Art. 9 Abs. 3 GG geschützten spezifisch koalitionsgemäßen Betätigung, dies könnte jedoch für die Spitzenorganisa-

---

[81] *Neis*, Koalisationsfreiheit, S. 45 ist der Ansicht, die Rolle eines Bittgängers sei der Koalisationsfreiheit nicht adäquat.

tionen zutreffen, die ihrerseits auch Koalitionen sind[82]. Doch es handelt sich um einen solch punktuellen Bereich, in dem den Spitzenorganisationen ein Anspruch verliehen wird, daß hier kein allgemeiner Gedanke der Koalitionsfreiheit zu entdecken ist. Zeitdauer des Bestehens der Regelung und Rechtsüberzeugung haben sich noch nicht dahin entwickelt, daß den Spitzenorganisationen der Koalitionen ein solches Recht auf Grund der Koalitionsfreiheit zustände und nicht mehr entzogen werden könnte. Außerdem müßte sich diese Betätigungsform unabhängig von der Verfassung entwickelt haben, die den Koalitionen bzw. ihren Spitzenorganisationen kein Beteiligungsrecht bei der Rechtsetzung gewährt hat.

d) Verfassungskonforme Auslegung

Es ist zu überlegen, ob die Einwände, die aus der Beschränkung des Beteiligungsrechts auf die Spitzenorganisationen herrühren, durch eine verfassungskonforme Auslegung aus dem Wege geräumt werden könnten. Zum Teil wäre dies möglich, wenn man entgegengesetzt der vorausgegangenen Begriffsbestimmung doch § 10 a Tarifvertragsgesetz entsprechend anwendet, so daß die Gewerkschaften von wesentlicher Bedeutung für die Vertretung der Interessen der Bundesbeamten als Spitzenorganisationen anzusehen wären und in § 94 BBG einbezogen wären. Dann könnten jedoch immer noch die Beamtenkoalitionen, die einer Spitzenorganisation angeschlossen sind, sich nicht selbst bei der Vorbereitung allgemeiner Regelungen der beamtenrechtlichen Verhältnisse beteiligen. Nicht möglich ist es, das Wort „Spitzenorganisationen" gänzlich zu streichen, so daß die zuständigen Gewerkschaften zu beteiligen wären, denn damit würde der ausdrückliche Wille des Gesetzgebers verfälscht werden. Der Gesetzgeber hat so viele Möglichkeiten die Beamtenkoalitionen zu beteiligen und ihre Zahl zu begrenzen, daß man sich nicht durch eine „Interpretation" über seine Gestaltungsbefugnis hinwegsetzen kann[83]. Indem nur den Spitzenorganisationen das Beteiligungsrecht verliehen worden ist, hat der Gesetzgeber auch nicht unzulässigerweise in die Koalitionsfreiheit der Beamtenkoalitionen eingegriffen, weil er ihren Betätigungsbereich nicht begrenzt oder ein bisher bestehendes Betätigungsrecht entzogen hat.

e) Ergebnis

Die Beteiligung bei der Vorbereitung allgemeiner Regelungen der beamtenrechtlichen Verhältnisse könnte für die Beamtenkoalitionen

---

[82] *Dietz*, Die Koalitionsfreiheit, S. 438; *Huber*, Wirtschaftsverwaltungsrecht, S. 374.

[83] BVerfGE 8, 28 (34); *Hesse*, Verfassungsrecht, S. 20 ff.

II. Die Koalitionsfreiheit der Beamten

wegen der besonderen verfassungsrechtlichen Lage eine durch Art. 9 Abs. 3 GG geschützte Tätigkeit sein. Es sind jedoch verschiedene Formen der Beteiligung möglich, so daß die Beamtenkoalitionen nicht einen Anspruch auf eine Beteiligung entsprechend der Regelungen des § 94 BBG geltend machen können. Den Beamtenkoalitionen ist durch § 94 BBG nicht ein spezifisch koalitionsgemäßes Betätigungsmittel an die Hand gegeben, weil nicht sie selbst, sondern die Spitzenorganisationen einen Anspruch auf Beteiligung haben. Auch für die Spitzenorganisationen wird nicht in die Koalitionsfreiheit der Beamtenkoalitionen eingegriffen, so daß § 94 BBG nicht aus diesem Grund verfassungswidrig ist.

Die Beschränkung auf die Spitzenorganisationen spricht dafür, daß es sich um eine dem § 23 GGO II nachgebildete Regelung handelt.

D. Möglichkeiten und Grenzen eines gesetzlich gewährten Beteiligungsrechts

I. Problematik der Gewährung eines Rechtsanspruchs an die Verbände auf Beteiligung

Ist die Regelung des § 94 BBG nicht durch die Koalitionsfreiheit geboten, erscheint es recht problematisch, durch einfache Gesetze eine Verpflichtung zu schaffen, bestimmte Verbände bei der Schaffung von Rechtsnormen zu beteiligen. Dies gilt auch für eine Verpflichtung der Regierung, da diese in ihrer politischen Handlungsfreiheit dadurch sehr eingeengt wird. Die Regierung beteiligt zwar von sich aus auch die Verbände, doch ist sie im allgemeinen vollkommen frei in ihrer Auswahl der Verbände und des Zeitpunktes der Beteiligung. Bezeichnenderweise müssen die Ministerialbeamten, die mit der Vorbereitung von Gesetzentwürfen von besonderer politischer Bedeutung befaßt sind, eine Grundsatzentscheidung der Regierung einholen, bevor sie mit den Verbänden Fühlung aufnehmen (§ 23 Abs. 2 GGO II). Wird die Bundesregierung verpflichtet, nur bestimmte Verbände — womöglich ihr gegenüber feindlich eingestellte Verbände — anzuhören, könnte der Bundeskanzler unzulässigerweise in seinem Recht, die Richtlinien[1] der Politik zu bestimmen, beeinträchtigt sein. Noch mehr Bedenken müssen entstehen, wenn auch der Bundestag verpflichtet ist, die Spitzenorganisationen zu beteiligen. Diese Verpflichtung soll jedoch bestehen, weil der Gesetzgeber sich selbst gebunden habe und die Verpflichtung des § 94 BBG sonst einfach umgangen werden könnte, indem die Regierung die Entwürfe mit Hilfe der Regierungsparteien als Initiativgesetzentwürfe des Parlaments einbringen könnte[2].

Ob diese Argumentation im Einklang mit der Verfassungsrechtslehre steht, soll im folgenden geprüft werden. Es sollen die möglichen Adressaten eines Beteiligungsrechts aufgezeigt werden, ob ihre Ver-

---

[1] *Hesse*, Verfassungsrecht, S. 234; *Hennis*, S. 161 ff.; *Maunz - Dürig - Herzog*, Grundgesetz, Art. 65 Rdnr. 2.
[2] *Neis*, Koalitionsfreiheit, S. 61; *Nilges*, Beteiligungsrecht, S. 49 ff.; *Lehners*, DDB 1964, S. 68; *Fees*, ZBR 1963, S. 135; *Ule*, Öffentlicher Dienst, S. 669 Anm. 458; *Wilhelm*, ZBR 1968, S. 61 ff. A. A. *Schütz*, DöD, S. 161 ff. (164); *Kümmel*, Kommentar zum Niedersächsischen Beamtengesetz § 104, Erl. Nr. 5; *Behr*, DDB 1961, S. 81; *Ebert*, Das Recht des öffentlichen Dienstes, S. 154.

pflichtung zulässig ist bzw. die Gefahren einer solchen Verpflichtung und wie § 94 BBG auf Grund dieser Erörterungen zu verstehen ist.

II. Sinn und Zweck der Beteiligung von Verbänden an der Rechtsetzung

1. Nutzbarmachung des Sachverstandes der Verbände

In allen modernen Industriestaaten, so auch der Bundesrepublik Deutschland, steigen die Anforderungen an den Staat als lenkendes Zentralorgan in unaufhörlichem Maße, wenn auch dieser am Eingreifen oft durch die Verfassung, Grundrechte, Gesellschaftsideologie, begrenzte Haushaltsmittel und vieles andere mehr gehindert ist. Auf der anderen Seite zwingen Probleme wie steigende Bevölkerungszahlen auf engem Raum, erhöhte Lebens-, Freizeit- und Bildungsbedürfnisse, Erhaltung der Wettbewerbsfähigkeit der einheimischen Wirtschaft, Transport- und Energiebedarf zu Lösungen, die sich nicht nach den erwähnten Hinderungsgründen in allen Fällen richten können. Die in zunehmendem Maße das gesamte Leben beeinflussende Tätigkeit des Staates begünstigt die Bildung von Interessenverbänden[3], weil ein jeder verschiedene Interessenbereiche hat und diese bestmöglichst durch den Staat geschützt und gefördert wissen will. Die Gesetzentwürfe zur Beeinflussung oder Gestaltung der immer komplizierter werdenden Umwelt können nicht mehr von einzelnen Abgeordneten oder Ministerialbeamten in selbständiger Arbeit vorbereitet und dann dem Parlament oder der Regierung zur Beschlußfassung unterbreitet werden, da juristischer Fachverstand, gesunder Menschenverstand und Gerechtigkeitsgefühl hierfür nicht mehr allein ausreichen[4]. Auch der Zusammenarbeit von Abgeordneten und Beamten gelingt es meist nicht mehr, alle zur Entscheidung notwendigen Fakten und Gesichtspunkte zusammenzutragen und die Auswirkungen verschiedener Entscheidungsmöglichkeiten zu übersehen. Den Sachverstand können die Verbände mit Hilfe ihrer Organisation, den zur Verfügung stehenden Fachleuten und Geldmitteln in einer Art und Weise wie keine andere Institution beisteuern[5]. Verständlicherweise versuchen die Verbände den Organen des Staates nicht nur Entscheidungshilfen zu geben, sondern mit allen ihnen zur Verfügung stehenden Mitteln, wozu auch die begrenzte und gezielte Darbietung des Sachverstandes gehört, die Entscheidung zu steuern.

---

[3] Vgl. zu der Zunahme von Interessenverbänden entsprechend der wirtschaftlichen Entwicklung *Schneider*, Die Interessenverbände, S. 12 f.

[4] *Dahm*, Deutsches Recht, S. 179.

[5] Vgl. *Schneider*, Die Interessenverbände, S. 104 f.; *Leibholz*, Staat und Verbände, S. 27 f.

Die Nutzbarmachung des Sachverstandes der Verbände erfolgt — soweit sie von Regierung oder Parlament offiziell betrieben wird — indem die Verbände Vertreter in Beiräte und Kommissionen[6] entsenden können oder entsprechend den Geschäftsordnungen „angehört" werden.

2. Integration der Verbände

Nahezu ein jeder ist in einem oder mehreren Interessenverbänden organisiert, aber nur 4,38 %[7] der Wähler sind Mitglied bei einer politischen Partei. Parlament und Regierung müssen auch bei den Verbänden Rückhalt suchen, zumindest können sie es sich nicht leisten, die Verbände zu ihren Gegnern werden zu lassen; die in den Verbänden Organisierten sind schließlich auch Wähler. Es führt zu mehr Demokratie, den Willen des Volkes auch zwischen den Wahlen laufend zu erforschen, wie er zum Teil von den Verbänden und der — von den Verbänden beeinflußten — öffentlichen Meinung artikuliert wird, und ihn zu beachten; es kann aber auch die Demokratie pervertieren, wenn die am besten organisierten und vorgetragenen Interessen den Ausschlag vor dem Gemeinwohl[8] geben. So behaupten nur 17 % der Verbände von sich selbst, daß sie sich häufig für das Gemeinwohl einsetzen[9], sie überlassen also diese Aufgabe den Organen des Staates. Auf das freie Spiel der Kräfte ist auch nicht immer zu vertrauen, da keineswegs alle Verbände einen sozialen Gegenspieler haben, manche wichtigen Interessen wie die der Verbraucher sich nur schwer organisieren lassen[10], Verbände mit verschiedenen Interessen für ein Ziel vorübergehend gemeinsam agieren und außerdem die Verbände oft ein von den Interessen ihrer Mitglieder unabhängiges „autonomes Verbandsinteresse"[11] verfolgen. Die Mehrzahl der Interessenverbände (mind. 70 %)[12] hat es sich in Übereinstimmung mit dem Willen ihrer Mitglieder zum Ziel gesetzt, die Interessen ihrer Mitglieder bei Parlament und Regierung zu

---

[6] Vgl. die Aufstellung in VVDStRL 24 (1966), S. 69 ff.

[7] *Naumann*, Die ethische Verantwortung der Interessenverbände im sozialen Rechtsstaat, S. 41.

[8] Vgl. zum Begriff des Gemeinwohls *Fraenkel*, Die ordnungspolitische Bedeutung der Verbände im demokratischen Rechtsstaat, S. 18.

[9] *Schmölders*, Das Selbstbild der Verbände, S. 70 ff. (75).

[10] *Stein*, Staatsrecht, S. 74. Die Verbraucherinteressen werden auch durch die Gewerkschaften gewahrt.

[11] *Hermens*, Verfassungslehre, S. 434: „Das ‚autonome Verbandsinteresse' bedeutet, daß eine Sonderorganisation nie einfach die Interessen ihrer Mitglieder vertritt, sondern auch ihre eigenen; man will die Organisation als solche erhalten, ihre Macht nach Möglichkeit ausdehnen; dabei sind die Organisationsleiter, mehr unbewußt als bewußt auch von ihren eigenen Interessen gesteuert."

[12] *Schmölders*, a.a.O., S. 61.

vertreten. Würden nun Parlament und Regierung die Vorstellungen der Interessenverbände vollkommen ignorieren, und sich nicht mit ihnen auseinandersetzen, entstünde ein gefährliches Vakuum, was zur Parteienbildung führen könnte[13]. Solche „Interessenparteien" wären einer stabilen parlamentarischen Demokratie sehr hinderlich, da in diesen keine Integration der Interessen stattfindet[14], das Parlament zum Austragungsort sämtlicher Interessengegensätze würde und tragfähige Regierungsmehrheiten kaum mehr zu finden wären[15].

Man muß also die Verbände so in den Staat einbauen, daß sie sich nicht übergangen fühlen und Parteien bilden oder den Staat zu vernichten versuchen, auf der anderen Seite kann man ihnen nicht die wichtigen Entscheidungen überlassen, weil von ihnen nicht die dem Gemeinwohl zuträglichen Entscheidungen erwartet werden können. Eine Integration der Verbände in dieser Art ist durch eine Wirtschaftskammer[16] neben dem Parlament oder eine sonstige Beteiligung[17] bei der Schaffung von Rechtsnormen möglich.

III. Der Bundestag als Adressat eines Beteiligungsrechts

1. Das Entscheidungsrecht des Bundestages

Der Bundestag ist als Gesetzgebungsorgan in erster Linie damit beschäftigt durch Gesetze das Leben im Staat zu gestalten. Die endgültige Entscheidung über die Verabschiedung von Gesetzen obliegt meistens dem Bundestag; dies gilt nicht für Zustimmungsgesetze[1], zu denen die Zustimmung des Bundesrates erforderlich ist und ausgabenerhöhende Gesetze, die der Zustimmung der Bundesregierung bedürfen[2]. Der Bundestag kann ohne eine Verfassungsänderung sich nicht seinen

---

[13] Vgl. *Naumann*, Die ethische Verantwortung der Interessenverbände im sozialen Rechtsstaat, S. 31, 40. Die Gefahr einer Entstehung von „Paraparteien" liegt besonders bei den Gruppen der Vertriebenen und Landwirte.
[14] Vgl. *Fraenkel*, Die ordnungspolitische Bedeutung der Verbände im demokratischen Rechtsstaat, S. 26.
[15] *Grewe*, Zum Begriff der politischen Partei, S. 84.
[16] Die Bildung einer Wirtschaftskammer ist für die nächste Zeit unwahrscheinlich, auch wegen der Schwierigkeit einer gerechten Besetzung. *Hueck - Nipperdey*, Lehrbuch, S. 58; *Schneider*, Die Interessenverbände, S. 139. Daher ist die Möglichkeit, einen Beteiligungsanspruch durch ein Gesetz zu erhalten für die Verbände sehr bedeutend. Vgl. zum bayerischen Senat *Mattern*, Grundlinien des Parlaments, S. 42 f.
[17] Vgl. zur Einordnung der Interessenverbände in die Staatsorganisation, *Wittkämper*, Grundgesetz und Interessenverbände, S. 48.
[1] *Stein*, Staatsrecht, S. 56 ff.
[2] Art. 113 GG; vgl. zu dieser von der Parlamentsgeschichte her merkwürdigen Regelung, *Hesse*, Verfassungsrecht, S. 236.

Verpflichtungen entziehen und anderen das Recht einräumen, im Bundestag Entscheidungsbefugnisse auszuüben. Er kann auch nicht die Wirksamkeit der Gesetze von der Zustimmung irgendwelcher Verbände abhängig machen. Der Bundestag würde in einem solchen Fall das Wahlergebnis und die parlamentarische Demokratie verfälschen, weil das Volk in diesem Bereich nur seinen gewählten Abgeordneten unterworfen sein will, nicht aber anderen Kräften[3]. Selbst der in der Weimarer Verfassung vorgesehene Reichswirtschaftsrat hatte keine Entscheidungsbefugnis über sozialpolitische und wirtschaftspolitische Gesetzentwürfe, seine Zustimmung war nicht zum Erlaß solcher Gesetze erforderlich[4]. Das Grundgesetz hat aber sogar bewußt diese Möglichkeit einer Mitwirkung der Verbände verworfen. Eine Beteiligung der Verbände an den Entscheidungen des Bundestages ist nicht ohne eine Verfassungsänderung möglich. Das Grundgesetz hat den Verbänden zwar keine Beteiligungsansprüche gewährt, doch könnten die Verbände auf dem Umweg über das Petitionsrecht ähnliche Ansprüche erhalten.

2. Das Petitionsrecht (Art. 17 GG)

Das Petitionsrecht ist trotz eines umfassenden Rechtsschutzes durch die Gerichte immer noch eine wichtige und viel genutzte Möglichkeit der Bürger, sich mit Bitten oder Beschwerden an die zuständigen Stellen und das Parlament zu wenden[5]. Die Petitionen müssen sachlich geprüft werden[6], es handelt sich also nicht nur um ein Recht der freien Meinungsäußerung gegenüber diesen Stellen. Das Petitionsrecht hilft dem Parlament bei der Kontrolle der Exekutive, indem es von Mißständen erfährt und die Bundesregierung unter anderem im Wege der Anfrage zur Rechenschaftsablegung auffordert[7]. Die Zahl der beim Bundestag eingereichten Petitionen ist so groß[8], daß die Prüfung nicht durch das Plenum erfolgen kann, sondern die Petitionen werden durch den Bundestagspräsidenten dem Petitionsausschuß oder dem zuständigen Fachausschuß überwiesen[9]. Die Ausschußberichte über die eingereichten Petitionen werden dem Bundestag mindestens einmal im Monat in einer Sammelübersicht vorgelegt, außerdem erstattet der Petitions-

---

[3] *Söllner,* Arbeitsrecht, S. 72.

[4] Art. 165 Abs. IV WV.

[5] *Duppré* in *Morstein Marx,* Verwaltung, S. 397; *von Mangoldt - Klein,* Das Bonner Grundgesetz, Art. 17 Anm. II 2.

[6] BVerfGE 2, 225; *von Mangoldt - Klein,* a.a.O., Art. 17 Anm. 4.

[7] *Hesse,* Verfassungsrecht, S. 176; *Stein,* Staatsrecht, S. 211.

[8] *Duppré,* a.a.O., S. 397; *Loewenberg,* Parlamentarismus im politischen System der Bundesrepublik Deutschland, S. 501 Anm. 101, es gehen jährlich 7000—10 000 Petitionen ein.

[9] § 112 GeschO BT.

ausschuß dem Plenum vierteljährlich einen mündlichen Bericht über seine Tätigkeit (§ 113 Abs. 1 GeschO BT). Da auch Verbänden das Petitionsrecht zusteht[10], können sie auf diese Art und Weise den Bundestag indirekt und die Ausschüsse direkt erreichen. Ein Recht zur Anhörung ist jedoch nicht eingeschlossen. Die Verbände erreichen in der Praxis den gesamten Bundestag besser und schneller, indem sie jeden Abgeordneten einzeln anschreiben und ihm ihre Unterlagen überreichen, was den meisten Verbänden angesichts ihrer Finanzkraft keine Schwierigkeiten bereitet. Doch für die Verbände ist das Gespräch mit den Abgeordneten viel wichtiger, weil diese mit Drucksachen überhäuft sind und nicht die notwendige Aufmerksamkeit dafür zeigen. Das Problem für die Verbände liegt darin, mit allen Abgeordneten, nicht nur mit den ihnen nahestehenden, ins Gespräch zu kommen und sie zu beeinflussen. Das Petitionsrecht wird von den Verbänden kaum mehr in Anspruch genommen, um Regierung und Parlament zu beeinflussen, weil es hierzu nicht besonders tauglich ist[11], es gibt den Verbänden auch nicht die Möglichkeit sich an der Rechtsetzung zu beteiligen.

3. Die Anhörung durch den Bundestag

Das Gesetzgebungsverfahren ist im Grundgesetz nur in groben Zügen geregelt, die Einzelheiten des tatsächlichen Ablaufes sind der Autonomie des Bundestages überlassen[12] und in der Geschäftsordnung[13] des Bundestages geregelt. Im Grundgesetz selbst findet sich jedoch eine Bestimmung darüber, welche Personen — außer den Mitgliedern des Bundestages — vom Bundestag verlangen können, angehört zu werden. Dies sind die Mitglieder des Bundesrates und der Bundesregierung sowie ihre Beauftragten (Art. 43 Abs. 2 GG, § 47 GeschO BT). Aus der Erwähnung dieses Anhörungsanspruches im Grundgesetz kann man erkennen, um welch bedeutendes Recht des Bundestages es sich handelt, welches dadurch eingeschränkt wird. Die Bundesregierung und der Bundesrat erhalten die Möglichkeit, im Bundestag selbst den Ablauf der Debatte und die Meinungsbildung des Bundestages zu beeinflussen. Ansonsten ist es der Autonomie des Bundestages überlassen, die Personen, die vor dem Plenum sprechen dürfen, und den Zeitpunkt zu bestimmen. Da der Anspruch der Bundesregierung und des Bundesrates

---

[10] *von Mangoldt - Klein*, a.a.O., Art. 17 Anm. II 6; *Maunz - Dürig - Herzog*, Grundgesetz, Art. 17 Rdnr. 26 f.
[11] *Stein*, Staatsrecht, S. 211; *Beyme*, Interessengruppen in der Demokratie, S. 91 ff.
[12] BVerfGE 1, 144 (153).
[13] Zum Rechtscharakter dieser Geschäftsordnung vgl. *Maunz - Dürig - Herzog*, Grundgesetz, Art. 1 Abs. 3 Rdnr. 113; *Arndt*, Parlamentarische Geschäftsordnungsautonomie und autonomes Parlamentsrecht, S. 136 ff.

gegen den Bundestag gerichtet ist, kann man noch nicht daraus schließen, daß der Bundestag nicht über dieses Recht frei verfügen kann und es sich um eine ausschließliche Aufzählung handelt. So wird in der Tat in nahezu allen Parlamenten aus bestimmten Anlässen parlamentsfremden, oft sogar ausländischen Persönlichkeiten die Möglichkeit gegeben, vor dem Parlament zu sprechen. Dies ist auch mehrmals im Bundestag geschehen, obwohl die Geschäftsordnung des Bundestages sich über diesen Fall ausschweigt. Der Bundestag betont durch die traditionelle und seltene Gewährung dieses Vorrechts an wichtige Persönlichkeiten und durch die Abhaltung von Feierstunden seine Bedeutung für das aktuelle politische Leben. Doch dürfen politische Feiern des Bundestages nicht mit der Gesetzgebungsarbeit verwechselt werden. Die Gesetzgebungsarbeiten dürfen im entscheidendem Stadium nur von den dazu Berufenen — und dies sind nicht die Vertreter von Verbänden — gestaltet werden. Man wird wohl nicht abstreiten können, daß Vertreter von Verbänden in den Lesungen die Gesetze durchaus in anderer Form beeinflussen können, als wenn sie auf die Arbeit ihrer Lobby oder Anhörung in den Ausschüssen angewiesen sind. Es bedarf nur wenig Phantasie sich Verbandsvertreter vorzustellen, die mit ihren Millionen Mitgliedern[14] im Hintergrund im Bundestag selbst eine bestimmte Entscheidung des Bundestages zu erzwingen versuchen. Durch die Anhörung im Plenum würden bestimmte Verbände aufgewertet, die nicht „angehörten" abgewertet werden. Auf Grund der Verbindungen zwischen den Parteien und den Verbänden würde zwangsläufig die Zahl der anzuhörenden Verbände steigen, weil man niemanden vor den Kopf stoßen will. Dabei macht es keinen Unterschied, ob Verbandsvertreter von Fall zu Fall gehört werden oder ihnen gesetzlich ein Anhörungsrecht gewährt wird.

Auch den Abgeordneten ist es verwehrt als Verbandsvertreter[15] vor dem Bundestag aufzutreten, da sie Vertreter des ganzen Volkes sind (Art. 38 Abs. 1 S. 2 GG). Doch sie dürfen auf die Meinungen der Verbände hinweisen und den Bundestag bitten, diese in seine Überlegungen mit einzubeziehen oder die Meinungen der Verbände als die ihrigen darstellen. Hier besteht in der politischen Wirklichkeit für die Verbände eine Möglichkeit doch mittelbar vor dem Bundestag sich zu Gehör zu bringen, die kaum ausschaltbar sein dürfte. Für die Abgeordneten gilt jedoch eine Art Ehrenkodex, der die schlimmsten Auswirkungen verhindert, während man von den Verbandsvertretern vielleicht gerade eine harte, eigennützige Argumentation erwartet.

---

[14] Vgl. *Schneider*, Die Interessenverbände, S. 128 zu dieser beliebten Drohung.

[15] Vgl. *Wittkämper*, Grundgesetz und Interessenverbände, S. 184 f.

Der Bundestag kann also nicht sein Recht, in selbständiger Arbeit durch die Aussprache die Gesetzentwürfe zu beraten und darüber zu entscheiden, mit den Verbänden teilen. Jeder Abgeordnete könnte durch eine Verfassungsklage[16] gegen die Anhörung von Verbandsvertretern, auch wenn die Mehrheit des Bundestages zugestimmt hat, vorgehen, weil er sein Recht im Parlament zu sprechen nicht mit anderen Nichtgewählten teilen muß[17]. Nur durch eine Änderung des Grundgesetzes könnte es den Verbänden gestattet werden, daß sie vor dem Bundestag sprechen dürfen; dies gilt erst recht, wenn den Verbänden durch ein Gesetz ein Anspruch auf Anhörung eingeräumt werden soll. Die Einräumung eines solchen Rechts würde entscheidend unsere Vorstellungen von der parlamentarischen Demokratie ändern.

Die Beamtenkoalitionen und ihre Spitzenorganisationen unterscheiden sich in dieser Beziehung nicht von den anderen Verbänden, da der Bundestag nicht ihr sozialer Gegenspieler ist, und sie somit keine Vorrechte in Anspruch nehmen können. Die Koalitionsfreiheit allein genügt jedoch nicht — wie bereits dargetan — Ansprüche auf Mitwirkung gegen den Gesetzgeber auszulösen. Der Adressat des Beteiligungsanspruches des § 94 BBG kann nicht der Bundestag sein.

IV. Die Bundestagsausschüsse als Adressaten eines Beteiligungsrechts

1. Die Aufgaben der Ausschüsse

Die Ausschüsse sind Organe des Bundestages, zu ihren Mitgliedern können nur Bundestagsabgeordnete, entsprechend dem Stärkeverhältnis der einzelnen Fraktionen, vom Bundestag gewählt werden[1]. Sie sind ein Parlament im Kleinen und in der Lage, wegen der beschränkten Mitgliederzahl und der Tatsache, daß die Ausschußmitglieder meist Fachleute[2] für den Aufgabenbereich des Ausschusses sind, wirkungsvoller und schneller als das Parlament zu Ergebnissen zu gelangen. Nachteile für die Arbeit können sich daraus ergeben, daß die Interessensphären der Ausschußmitglieder oft mit dem Aufgabenbereich des Ausschusses übereinstimmen[3]. In der Regel dürfen sich die Ausschüsse

---

[16] BVerfGE 10, 4 (11 f.). Das Recht des Abgeordneten im Bundestag das Wort zu ergreifen, gehört zu seinem verfassungsrechtlichen Status.
[17] *Mattern*, Grundlinien des Parlaments, S. 61 f.
[1] § 60 Abs. 1 GeschO BT.
[2] *Stein*, Staatsrecht, S. 46, 56; *Hesse*, Verfassungsrecht, S. 215.
[3] Vgl. *Schneider*, Die Interessenverbände, S. 122 f.; *Breitling*, Die Verbände in der Bundesrepublik, S. 122 ff.; *Loewenberg*, Parlamentarismus im politischen System der Bundesrepublik Deutschland, Tabelle 20.

nur mit den ihnen vom Bundestag überwiesenen Gegenständen befassen, sie können nicht von sich aus tätig werden[4]. Hauptaufgabe der Ausschüsse ist es, nach der ersten Lesung an sie überwiesene Gesetzentwürfe zu beraten und dabei brauchbare Kompromiß- und Alternativvorschläge zu machen und erforderliche Ergänzungen vorzuschlagen. Sie sollen als vorbereitende Beschlußorgane des Bundestages diesem bestimmte Beschlüsse empfehlen[5]. Doch sollen sie nicht Entscheidungen des Bundestages vorwegnehmen oder diesem eine bestimmte Ansicht als einzig sinnvolle aufdrängen, daher muß der Ausschußbericht auch eine Stellungnahme der Minderheit enthalten[6]. Die Ergebnisse der Ausschüsse werden meist vom Bundestag übernommen, da die Mitglieder der Ausschüsse Kontakt mit ihren Fraktionen halten und wissen, welche Kompromisse noch annehmbar sind[7]. Der Bundestag schließt sich auch deshalb recht gerne diesen Kompromissen an, weil selbst die „Fachleute" eine andere Lösung nicht für möglich halten und jede Fraktion damit ein „Alibi" für ihre Entscheidung hat, die mit ihren sonst bekundeten Vorstellungen vielleicht nicht in Einklang zu bringen ist.

Ein nicht zu unterschätzender Faktor für die Effizienz der Arbeit der Ausschüsse liegt in der Nichtöffentlichkeit[8] ihrer Sitzungen. Kompromisse und sachliche Arbeit lassen sich in der breiten Öffentlichkeit nicht in dem selben Maß entwickeln, wenn die Öffentlichkeit — vielleicht glauben dies auch nur die Politiker — von den Abgeordneten auf Grund ihrer Parteizugehörigkeit bestimmte Ansichten zu hören wünscht, ihr Auftreten beobachtet und die Abgeordneten dann „hinausreden" und jeden Prestigeverlust fürchten. Dies ist eine in allen Bereichen des öffentlichen und privaten Lebens zu beobachtende Erscheinung, der nur durch das private Gespräch aus dem Wege gegangen werden kann. Solche „Geheimpolitik" erregt natürlich immer den Argwohn der Öffentlichkeit, werden dann auf Verlangen der Öffentlichkeit solche institutionalisierten Arbeitsrunden dieser zugänglich gemacht, verlagert sich die Arbeit an der Sache notgedrungen in neue private Gesprächsrunden, deren Zusammensetzung jedoch nicht mehr kontrollierbar ist.

Der nichtöffentlichen Sitzung können auf Beschluß des Ausschusses öffentliche Informationssitzungen, sogenannte „hearings", vorangehen,

---

[4] § 60 Abs. 3 GeschO BT; *Duppré* in *Morstein Marx*, S. 400 f.; *Schäfer*, Der Bundestag, S. 232.

[5] § 60 Abs. 2 GeschO BT.

[6] § 74 Abs. 2 GeschO BT.

[7] *Dechamps*, Macht und Arbeit der Ausschüsse, S. 148 ff.; *Loewenberg*, a.a.O., S. 413 f.

[8] § 73 Abs. 1 GeschO BT. Die Sitzungen der Untersuchungsausschüsse sind öffentlich, Art. 44 Abs. 1 GG.

IV. Die Bundestagsausschüsse als Adressaten eines Beteiligungsrechts 65

in denen neben Sachverständigen und anderen Auskunftspersonen häufig Interessenvertreter gehört werden[9].

2. Das Beschluß- und Verhandlungsrecht der Ausschüsse

Durch eine Hinzuziehung von Verbandsvertretern zu den Ausschußsitzungen wäre das Prinzip der Nichtöffentlichkeit durchbrochen, was nicht gerade ein kluger Beschluß des Bundestages wäre, ihm jedoch gestattet ist. Die Nichtöffentlichkeit von Ausschußsitzungen ist kein verfassungsrechtliches Pendant zu der Öffentlichkeit der Bundestagssitzungen[10]. Anders verhält es sich mit einer Beteiligung von Verbandsvertretern. Dabei kommt es nicht darauf an, ob sie gehört werden, beraten oder mitentscheiden dürfen. Denn der Ausschuß ist ein Organ[11] des Bundestages, ein Parlament im Kleinen, in dem die Abgeordneten die Beschlüsse des Bundestages vorbereiten sollen und das Recht und die Pflicht haben, bestimmte Beschlüsse dem Bundestag zu empfehlen. Dieses Recht brauchen die Abgeordneten nicht mit anderen Personen zu teilen, es sei denn, die Verfassung hätte es vorgesehen. Gerade wegen der Stellung der Ausschüsse kann in vollem Umfang auf die Ausführung zum gesamten Bundestag zurückgegriffen werden. Nicht ohne Grund unterscheidet die Geschäftsordnung des Bundestages klar zwischen Ausschußsitzungen und Informationssitzungen, die den Ausschußsitzungen vorangehen können.

3. Ein Rechtsanspruch von Verbänden auf Teilnahme an den Informationssitzungen

Es erscheint wenig problematisch, wenn der Bundestag in einem Gesetz bestimmten Verbänden das Recht einräumt an Informationssitzungen[12] aktiv teilzunehmen, da hier doch Verbandsvertreter nach der Geschäftsordnung des Bundestages sowieso gehört werden können. Grundsätzliche Bedenken gegen eine Anhörung von Verbandsvertretern durch einen Ausschuß ergeben sich nicht, da es auch dem Bundestag möglich sein muß, sich Informationen und Meinungen von Verbänden offiziell und unmittelbar zu verschaffen. Der Bundestag kann eigene gesetzgeberische Initiative nur entfalten, wenn ihm Informatio-

---

[9] § 73 Abs. 2 GeschO BT.
[10] Vgl. *Maunz - Dürig - Herzog*, Grundgesetz, Art. 42 Anm. 2.
[11] Vgl. *Maunz - Dürig - Herzog*, Grundgesetz, Art. 40 Rdnr. 5.
[12] Die Möglichkeit der „hearings" wird nur selten genutzt, *Loewenberg*, Parlamentarismus im politischen System der Bundesrepublik Deutschland, S. 388 ff.; *Mattern*, Grundlinien des Parlaments, S. 64 Anm. 27 schlägt eine obligatorische Anhörung vor. Vgl. auch *Beyme*, Interessengruppen in der Demokratie, S. 168 ff. (170).

nen und Mittel zur Verwertung dieser Informationen zur Verfügung stehen und er nicht auf die Regierung und die Ministerialbürokratie angewiesen ist, um die Auswirkungen von Gesetzen und den Bedarf einer gesetzlichen Regelung zu erkennen. Die Ansichten der Verbände sind in der Politik ein so wichtiger Faktor, daß der Bundestag diese aus erster Hand und nicht durch die Regierung vorgeklärt, muß empfangen können. Indem die Informationssitzungen den Ausschußsitzungen vorangehen, haben die Verbände die Möglichkeit, frühzeitig die Meinungsbildung und das Ergebnis der Ausschußberatungen zu beeinflussen. Je früher die Anhörung erfolgt, desto günstiger ist dies für die Verbände. So wird gerade für das Beteiligungsrecht des § 94 BBG die möglichst frühzeitige Einschaltung von den Verbänden gewünscht[13], weil sie wissen, daß erarbeitete Ergebnisse nur ungern wieder geändert werden. Die psychologische Situation ist eine vollkommen andere, wenn man eine Meinungsbildung noch beeinflussen kann, weil dann das Ergebnis die „eigene" Meinung ist, als wenn eine bereits gefaßte Meinung wieder geändert werden soll. Andererseits gestaltet sich eine Anhörung in diesem frühen Stadium meist noch recht unverbindlich, weil der Gesprächspartner sich noch keine eigene Meinung gebildet hat und ihm daher an einer Auseinandersetzung nicht gelegen ist. So können noch neue Gesichtspunkte und Überlegungen in den späteren Verlauf der Meinungsbildung einbezogen werden, die oft ausschlaggebend sind, zu denen sich aber die Verbandsvertreter noch nicht äußern und sie vielleicht aus dem Wege räumen konnten.

Bei den Informationssitzungen der Ausschüsse liegt schon eine ziemlich handfeste Arbeitsunterlage in Form des Gesetzentwurfes vor, so daß eine echte Auseinandersetzung möglich wäre. Doch die Ausschüsse „verhandeln"[14] trotzdem nicht mit den Verbandsvertretern, sondern beschränken sich bewußt auf eine Anhörung, an der die Ausschußmitglieder nur selten durch Fragen mitwirken, die Leitung obliegt dem Ausschußvorsitzenden[15].

Erhalten bestimmte Verbände das Recht an Informationssitzungen teilzunehmen, so wäre die unmittelbare Folge dieses Anspruches, daß

---

[13] *Lehners*, DDB 1966, S. 68; Entschließung des ÖTV-Gewerkschaftstages München 1968, DDB 1968, S. 180. Der vorläufige Reichswirtschaftsrat wurde erst eingeschaltet, wenn die Gesetzentwürfe bereits vom Reichskabinett verabschiedet waren. Dadurch wurde jede Änderung sehr erschwert, vgl. *Hauschild*, Der vorläufige Reichswirtschaftsrat 1920—1926, S. 10.

[14] Eine echte Verhandlung wäre nicht möglich, da die Ausschüsse keine Entscheidungen treffen können. Andererseits können auch unverbindliche Zusagen der Ausschüsse die politische Lage dergestalt verändern, daß der Bundestag kaum mehr von der Empfehlung des Ausschusses abweichen könnte.

[15] § 69 Abs. 2 GeschO BT.

IV. Die Bundestagsausschüsse als Adressaten eines Beteiligungsrechts

der Ausschuß verpflichtet wäre, eine Informationssitzung abzuhalten, obwohl dies sonst in seinem Ermessen steht. Damit wäre jedoch nicht nur der Ausschuß in seinem Ermessen eingeschränkt, sondern der Bundestag selbst. Eigentlich steht es dem Bundestag frei, ob er überhaupt einen Gesetzentwurf dem Ausschuß überweisen will oder unmittelbar durch die Aussprache — besonders in Eilfällen — zu einem Ergebnis über den Gesetzentwurf gelangen will[16]. Der Bundestag würde damit sein Elementarrecht, notwendige Entscheidungen in angemessen schnellerer Zeit und durch alleinige Beratung im Plenum zu fällen, schmälern, was ihm ohne eine Verfassungsänderung nicht gestattet ist, weil er sonst seine ihm zukommenden Aufgaben im Staat nicht mehr erfüllen kann.

Dieses Recht wäre nicht beeinträchtigt, wenn die Verbandsvertreter nur einen Anspruch auf Anhörung durch den Ausschuß hätten, falls der Gesetzentwurf einem Ausschuß überwiesen wird. Man wird sagen können, daß der Bundestag gerade durch die Überweisung erreichen will, daß alle zur Klärung der anstehenden Fragen notwendigen Erkenntnisse gewonnen werden sollen und eine Anhörung bestimmter Verbände nichts schaden kann. Dies kann jedoch nicht dahin gehen, daß in einem Gesetz nach parteipolitischen Gesichtspunkten festgelegt wird, welche Verbände zu hören sind und andere Verbände nicht mehr gehört werden dürfen. Damit würde der Bundestag sich in seinem Recht auf umfassende Information selbst beschränken und praktisch seine Verantwortlichkeit mit den angehörten Verbänden teilen bzw. auf sie abschieben, da er deren Meinungserforschung in allen Fällen für ausreichend und maßgeblich hielte. Dies wäre auch eine Benachteiligung der anderen Verbände, wenn sie — ohne daß sachliche Gesichtspunkte dies verlangen — von vornherein davon ausgeschlossen würden, in der gleichen Form wie die bevorrechtigten Verbände gehört zu werden. Nun ist es jedoch oft gar nicht notwendig, daß der Ausschuß Informationssitzungen abhält, weil alle Fakten und Ansichten bereits aufbereitet vorliegen und nur noch ein Kompromiß gefunden werden soll. Hält man den Ausschuß dennoch für verpflichtet eine Informationssitzung davorzuschalten, wäre dies nicht nur ein Eingriff in die Geschäftsordnung des Bundestages, sondern in das Gesetzgebungsverfahren. Es erhalten im Grundgesetz nichtvorgesehene Kräfte einen Anspruch im Gesetzgebungsverfahren mitzuwirken, solch eine Mitwirkung kann nicht in einem einfachen Gesetz geregelt werden.

Eine Mitwirkung liegt auch vor, wenn bei einer Überweisung eines Gesetzentwurfes an einen Ausschuß, was der Regelfall ist, der Bundestag verpflichtet ist, die Verbände in einer Informationssitzung anzu-

---

[16] §§ 79 Abs. 1 S. 1, 93 GeschO BT.

hören. Da die Ausschüsse nur Organe des Bundestages sind, ist eine jede Verpflichtung dieser Art zugleich eine Verpflichtung des gesamten Bundestages. Dabei kann es nicht darauf ankommen, daß das Zustandekommen der Entscheidung und ihr Inhalt nicht von den Verbänden abhängt, weil es bereits genügt, daß der Gesetzgeber verpflichtet ist, sie ins Gesetzgebungsverfahren einzuschalten. Der Bundestag kann also bestimmten Verbänden nicht durch ein einfaches Gesetz das Recht einräumen, daß die Ausschüsse eine Informationssitzung abhalten müssen und die Verbände dann anzuhören sind.

Zweifelhaft ist es, ob dieser Einwand noch zutrifft, wenn die Verbände nur dann den Anspruch haben sollen, falls der Ausschuß sich entschließt, eine Informationssitzung abzuhalten. In diesem Fall liegt dem Ausschuß selbst nichts an einer Beschleunigung, und er will sich ja noch Informationen beschaffen, wenn vielleicht auch nicht von den Verbänden. Es mag politisch nicht zweckmäßig sein, wenn der Ausschuß verpflichtet sein soll, bestimmte Verbände auf jeden Fall zu hören, doch ein unzulässiger Eingriff in das Gesetzgebungsverfahren liegt nicht vor. Es kann auch vorteilhaft sein, wenn Verbände von einer bestimmten Größenordnung bei Informationssitzungen auf jeden Fall gehört werden, und es nicht vom freien Willen des Ausschusses, der vielleicht in der Mehrzahl seiner Mitglieder einem bestimmten Verband angehört und einen Verband entsprechender Bedeutung nicht hören will, abhängt; solch eine Regelung kann unnötige Spannungen vermeiden und zur Integration der Verbände beitragen. So sollten bei Beamtengesetzen, wenn Informationssitzungen abgehalten werden, immer beide Spitzenorganisationen der Beamtenverbände gehört werden und nicht nur der DGB oder der DBB. Selbstverständlich wäre eine solche Verpflichtung einseitig, die Verbände könnten nicht ihrerseits verpflichtet sein, ihre Meinung zu äußern[17], die Meinungsfreiheit enthält auch das Recht zum Schweigen[18]. Doch kaum ein Verband würde auf die Möglichkeit „gehört" zu werden verzichten, es sei denn, er desavouiert mit dem Einverständnis seiner Mitglieder bestimmte Staatsorgane[19]. Der Bundestag könnte statt einer generellen Regelung bei seinem Überweisungsbeschluß[20], falls es erforderlich ist, gewisse Verhaltensmaßregeln für den Ausschuß mitgeben, insbesondere daß

---

[17] *Arndt*, Parlamentarische Geschäftsordnungsautonomie und autonomes Parlamentsrecht, S. 119: Die Interessenvertreter können durch die Geschäftsordnung nicht zum Erscheinen verpflichtet werden. *Maunz - Dürig - Herzog*, Grundgesetz, Art. 40 Rdnr. 18.

[18] *Maunz - Dürig - Herzog*, Grundgesetz, Art. 5 Rdnr. 40.

[19] Vgl. *Hennis*, Politik, S. 189.

[20] Zur rechtlichen Verbindlichkeit von Bundestagsbeschlüssen vgl. *Klein*, JuS 1964, S. 181 ff.

in einer Informationssitzung bestimmte Verbände zu hören sind. Solch eine Verfahrensweise hätte nur Vorteile gegenüber einer generellen Regelung. Der Überweisungsbeschluß ist nur an den Ausschuß gerichtet, die Verbände wären nicht seine Adressaten und hätten auf keinen Fall einen Rechtsanspruch auf Anhörung.

Mag solch eine Regelung auch politisch tragbar sein und keinen Eingriff in das Gesetzgebungsverfahren bedeuten, bleibt nur noch zu fragen, ob der Bundestag den Verbänden echte, wenn auch sehr begrenzte, Rechtsansprüche gegen sich einräumen kann. Hier scheint die Geschäftsordnungsautonomie des Bundestages unbegrenzt zu sein. Es ergibt sich aus dem Grundgesetz nicht ausdrücklich, daß der Bundestag den Verbänden nicht ebenso wie den im Grundgesetz gleichfalls nicht genannten Fraktionen gewisse Rechte einräumen könnte. Die Folge wäre, daß die Verbände bei Streitigkeiten mit dem Bundestag Verfassungsklage gegen diesen nach Art. 93 Abs. 1 Nr. 1 GG erheben könnten, weil sie als Beteiligte in der Geschäftsordnung eines obersten Bundesorgans mit eigenen Rechten ausgestattet sind. Durch eine Änderung der Geschäftsordnung könnte der Bundestag den Verbänden einen Status verleihen, der über den der Weimarer Verfassung hinausgeht. Der Rechtswirtschaftsrat hatte keinerlei Ansprüche an der Gesetzgebung im Reichstag mitzuwirken, abgesehen von einem Initiativrecht. Das bewußte Schweigen des Grundgesetzes zu einer Mitwirkung der Verbände bei der Gesetzgebung kann nicht durch eine Geschäftsordnung durchbrochen werden, es ist eine Änderung des Grundgesetzes nötig. Wird den Verbänden dieser Anspruch „nur" in einem Gesetz verliehen, könnten sie zwar nicht vor dem Bundesverfassungsgericht, sondern nur vor dem Verwaltungsgericht Klage erheben, doch ändert dies nichts an dem verfassungswidrigen Versuch, das Grundgesetz durch ein einfaches Gesetz zu ändern. Der Bundestag könnte also nur eine Regelung mit dem Inhalt treffen, daß bestimmte Verbände in bestimmten Fällen in einer Informationssitzung der Ausschüsse gehört werden *sollen.*

Das Schweigen des Grundgesetzes zu einer Mitwirkung der Verbände muß davon unterschieden werden, daß es zur Wirtschaftsverfassung nahezu keine Aussagen macht, also wirtschaftspolitisch neutral[21] ist. Dies bedeutet z. B., daß weder die soziale Marktwirtschaft noch eine Planwirtschaft vom Grundgesetz gefordert oder abgelehnt wird. Dann bedarf es zur Durchführung einer bestimmten Wirtschaftspolitik auch keiner Verfassungsänderung. Es gibt auch keinen Grundsatz, daß jede Regelung, die in der vorangegangenen Verfassung ihren Niederschlag gefunden hat, nur wieder in der Verfassung geregelt werden kann.

---

[21] BVerfGE 4, 7 (17 f.); 7, 377 (400).

So konnte z. B. das Betriebsverfassungsrecht in einem einfachen Gesetz enthalten sein, obwohl im Gegensatz zum Grundgesetz die Grundlagen hierfür in der Weimarer Verfassung zu finden waren. Eine Mitwirkung der Verbände muß somit auch nicht deshalb in der Verfassung geregelt werden, weil die Weimarer Verfassung eine Regelung hierüber enthält. Diese Fragen sind jedoch scharf von einem Anspruch der Verbände bei der Gesetzgebung mitzuwirken zu trennen, weil die Inhaber solcher Ansprüche in der Verfassung selbst aufgezeigt sein müssen. Eine demokratische Verfassung, die einer gesetzlichen Regelung offen läßt, wer an der Gesetzgebung mitzuwirken hat, ist für unser heutiges Verständnis undenkbar, weil es sich um eine Grundfrage der Verfassung handelt. Soweit den Fraktionen Rechte durch die Geschäftsordnung eingeräumt werden, handelt es sich schließlich nur um Zusammenschlüsse von Abgeordneten, die zur Gesetzgebung berufen sind und nicht um völlig andere gesellschaftliche Kräfte. Der Bundestag kann also den Verbänden weder in der Geschäftsordnung noch in einem Gesetz einen Rechtsanspruch gegen sich auf Mitwirkung bei der Gesetzgebung einräumen.

Nach diesen Erörterungen kann auch die Frage beantwortet werden, ob § 94 BBG den Spitzenorganisationen einen Anspruch gegen den Bundestag auf Beteiligung gibt. Die Verbände können aus verfassungsrechtlichen Gründen keinen Anspruch auf Beteiligung bei den Ausschußsitzungen erhalten, sie haben weiter keinen Anspruch, daß Informationssitzungen abgehalten werden. Der einzig denkbare Anspruch kann nur dahingehen, daß sie — falls Informationssitzungen abgehalten werden — angehört werden sollen. Der Anspruch der Spitzenorganisation sollte jedoch nicht auf eine Anhörung beschränkt sein — wie die Entstehungsgeschichte zeigt —, sondern auf eine Beteiligung erweitert werden. Außerdem sind die Ausschüsse generell keine Stellen, die Gesetzentwürfe vorbereiten, weil diese bereits vorhanden sind, wenn die Arbeit der Ausschüsse beginnt. Es ist eine unzulässige Auslegung sich damit zu begnügen, daß in der Bezeichnung „vorbereitende Beschlußorgane" auch das Wort „vorbereiten" enthalten ist[22], und somit der Bundestag Adressat des Beteiligungsrechts des § 94 BBG sein soll. Auch sollen die Spitzenorganisationen nicht nur angehört werden, sondern sie sind anzuhören.

Angesichts der zahlreichen Einschränkungen kann nicht angenommen werden, daß diese — nach sämtlichen Auslegungsmethoden — unwahrscheinliche Möglichkeit von der Regelung des § 94 BBG erfaßt sein soll.

---

[22] So aber *Nilges*, Beteiligungsrecht, S. 52.

V. Die Bundestagsabgeordneten als Adressaten eines Beteiligungsrechts

Die Bundestagsabgeordneten können Gesetze vorbereiten und diese mit Hilfe anderer Abgeordneter im Bundestag einbringen. Sie sind dabei nicht auf die Unterstützung ihrer Fraktion angewiesen, da es genügt, daß der Antrag von so vielen Mitgliedern unterschrieben wird, wie einer Fraktionsstärke entspricht[1]. Bei der Vorbereitung von Gesetzentwürfen lassen sie sich oft von ihren Assistenten, Verbänden, Fachleuten, Parteimitgliedern und anderen unterstützen. Sie sind frei in der Auswahl ihrer Hilfspersonen und auch in der Entscheidung, ob sie überhaupt einen Gesetzentwurf einbringen wollen. In der Wirklichkeit besteht natürlich oft ein Abhängigkeitsverhältnis zwischen Abgeordneten und Verbänden, das noch stärker als das zur eigenen Partei sein kann[2]. Dennoch ist die Statuierung der persönlichen Freiheit der Abgeordneten für ihre politischen Aufgaben in Art. 38 Abs. 1 S. 2 GG nicht ein unaufhebbarer Widerspruch zu dem — für die Parteien sogar in Art. 21 GG gesehenen — vielfältigen Abhängigkeitsverhältnis, von dem nun auch einmal Abgeordnete nicht freikommen[3]. Ohne den Schutz der Individualpersönlichkeit der Abgeordneten könnte das Parlament nicht seinen Aufgaben in einer freiheitlichen Demokratie gerecht werden. Mit dieser Freiheit ist zumindest die Grundlage einer sinnvollen Auseinandersetzung um das Gemeinwohl gewährleistet, indem in Verbänden, Parteien, Fraktionen und Parlament der möglichen besseren Einsicht des Einzelnen eine Chance geboten wird und dem öffentlichen Leben neue Impulse gegeben werden können. Wären nun die Abgeordneten verpflichtet, zu bestimmten Gesetzentwürfen die Verbände als Berater hinzuzuziehen, wäre damit die Diktatur der Verbände begründet, da sie als vorgeschaltetes Element mit ihren Machtmitteln in der Lage wären, jede ihnen nicht angenehme Entwicklung schon im Keim zu ersticken. Unter diesen Umständen muß man solch ein Beteiligungsrecht als einen Eingriff in das Initiativrecht[4] der Abgeordneten ansehen. Dieses Beteiligungsrecht läßt sich nicht damit vergleichen, daß der einzelne Abgeordnete auch nicht allein einen Gesetzentwurf einbringen kann, sondern dazu der Unterstützung anderer Abgeordneter bedarf. Dadurch wird nur verhindert, daß der Bundestag

---

[1] § 97 GeschO BT. Dies sind 15 Abgeordnete, vgl. *Klein*, JuS 1964, S. 183 Anm. 17.
[2] Vgl. *Schneider*, Die Interessenverbände, S. 123 ff.
[3] *Hesse*, Verfassungsrecht, S. 220 ff.
[4] BVerfGE 1, 144 (158 ff.) sieht das Initiativrecht der Abgeordneten bereits verletzt, wenn diese bei einer Gesetzesinitiative gleichzeitig einen Deckungsvorschlag vorzulegen haben. Dagegen wird man eine Beratungspflicht nicht als einen Eingriff in das freie Mandat bezeichnen können, weil dadurch keine Gebundenheit an Aufträge und Weisungen entsteht.

sich mit Gesetzentwürfen beschäftigen muß, die von vornherein keine Chance haben, verabschiedet zu werden. Der Abgeordnete ist jedoch dann nur auf die Mitwirkung anderer Abgeordneter, die mit ihm gemeinsam sowieso diesen Gesetzentwurf beraten und darüber entscheiden sollen, angewiesen; aber nicht auf die Mitwirkung der Verbände, denen vom Grundgesetz her keine hemmende oder fördernde Tätigkeit in der Gesetzgebung zusteht. Das Initiativrecht gehört zum Gesetzgebungsverfahren, weil ohne eine Initiative dieses nicht durchgeführt werden kann, und die Gesetze entscheidend vom Gesetzentwurf bestimmt werden.

Dies weist auch gleich darauf hin, daß hier eine Art Zensur[5] stattfindet, wenn die Abgeordneten ihre Gesetzentwürfe mit den Verbänden erst durchsprechen müßten. Die freie Meinungsäußerung wird auch dadurch verletzt, daß man vorher verpflichtet ist die Verbände anzuhören, wenn man vielleicht auch dadurch vor Fehlschlüssen bewahrt und eine unnötige Unruhe vermieden wird. Die Äußerung einer falschen Meinung ist ebenso geschützt wie die einer „richtigen". Jede Verpflichtung, bereits im Stadium der schöpferischen Gestaltung die Verbände heranziehen zu müssen, greift in so erheblichem Maße in die Persönlichkeit und Würde eines jeden Menschen ein, daß sich nähere Ausführungen erübrigen[6]. Aus diesen Gründen wird man im Arbeitsleben und besonders in der Ausbildung nur aus zwingenden Gründen von den Menschen verlangen können, nur noch Teamarbeit zu leisten. Der Versuch diese oft zweckmäßige und von den Beteiligten gewünschte Form der Zusammenarbeit in alle Bereiche auszudehnen, ist geeignet die Individualpersönlichkeit zu zerstören und den Menschen durch das Kollektiv zu ersetzen. Einzelne Abgeordnete oder ein Zusammenschluß von Abgeordneten (Fraktion) können nicht gezwungen werden, bestimmte Verbände bei Gesetzentwürfen während der Vorbereitung zu beteiligen. All dies gilt — abgesehen von dem Initiativrecht — im Prinzip auch für die Wissenschaftler oder andere Verbände, die Gesetzentwürfe vorbereiten.

VI. Der Bundesrat als Adressat eines Beteiligungsrechts

1. Die Sitzungen des Bundesrates

Durch den Bundesrat wirken die Länder bei der Gesetzgebung und Verwaltung des Bundes mit (Art. 50 GG). Auf dem Gebiet der Gesetz-

---

[5] Vgl. *Maunz - Dürig - Herzog*, Grundgesetz, Art. 5 Rdnr. 8 zur Denkfreiheit.

[6] *Maunz - Dürig - Herzog*, a.a.O., Art. 1 Abs. 1 Rdnr. 16 der Staat hat seine Gesamtrechtsordnung so auszugestalten, daß auch von außerstaatlichen Kräften eine Verletzung der Menschenwürde nicht möglich ist.

VI. Der Bundesrat als Adressat eines Beteiligungsrechts

gebung haben sie durch den Bundesrat das Initiativrecht für den Bundestag, die meisten Gesetze des Bundestages sind von ihrer Zustimmung abhängig[1]. Der Bundesrat kann jederzeit den Vermittlungsausschuß anrufen, der zu gleichen Teilen vom Bundesrat und Bundestag besetzt ist und einen Einigungsvorschlag machen soll[2]. Die Mitglieder des Bundesrates sind keine gewählten Mitglieder, sondern weisungsgebundene Vertreter der Länderregierungen[3]. Der Bundesrat hat das Recht, sich eine eigene Geschäftsordnung zu geben (Art. 52 Abs. 3 S. 2 GG). Aufgabe der Geschäftsordnung ist es, die Funktionsfähigkeit des Bundesrates insbesondere die Beschlußfassung sicherzustellen. Auch für den Bundesrat ist es ein wesentliches Recht seiner Autonomie, Teilnehmerkreis und Ablauf der Verhandlungen in eigener Verantwortung zu bestimmen. Dieses Recht hat das Grundgesetz eingeschränkt, da die Mitglieder der Bundesregierung an den Verhandlungen des Bundesrates und seiner Ausschüsse jederzeit teilnehmen können und gehört werden müssen (Art. 53 GG). Daraus kann jedoch — wie beim Bundestag — noch nicht gefolgert werden, daß der Bundesrat seinerseits dieses Recht zumindestens in Teilen nicht auch anderen Personen zukommen lassen könnte. So kann in Fällen der Gesetzesinitiative es für den Bundesrat durchaus sinnvoll sein, die Verbände anzuhören. Aber auch die Entscheidung, ob bei einem Bundesgesetz der Vermittlungsausschuß anzurufen, Einspruch einzulegen oder die Zustimmung zu versagen ist, kann nicht nur von einer einseitigen Sicht der Länderinteressen abhängig gemacht werden, sondern eine sorgfältige Entscheidung verlangt die Berücksichtigung der Interessen aller Betroffenen, somit auch der Verbände.

Aus der Bestimmung des § 18 Abs. 1 GeschO BR könnte man entnehmen, daß im Bundesrat im Gegensatz zum Bundestag auch Verbandsvertreter gehört werden können: „An den Verhandlungen des Bundesrates können auch die Berichterstatter des Vermittlungsausschusses und die Staatssekretäre des Bundes teilnehmen; andere Personen nur, wenn der Präsident dies zuläßt."

Daraus könnte man schließen, daß es im Ermessen des Bundesratspräsidenten liegt, welche Personen er als Teilnehmer zuläßt. Dies ist jedoch nicht richtig, da es sich um eine Erweiterung des Personenkreises handelt, dem schon durch das Grundgesetz ein Recht zur Teilnahme eingeräumt ist, abgesehen von den Berichterstattern des Ver-

---

[1] Vgl. *Maunz - Dürig - Herzog*, a.a.O., Art. 50 Anm. 20; *Loewenberg*, Parlamentarismus im politischen System der Bundesrepublik Deutschland, Tabelle 36.
[2] Art. 77 Abs. 2 GG.
[3] Art. 51 Abs. 1, Abs. 3 S. 2 GG.

74   D. Chancen und Grenzen eines gesetzlichen Beteiligungsrechts

mittlungsausschusses. Der Bundesregierung oder den Staatssekretären ist es nicht möglich zu allen entscheidenden Sitzungen des Bundesrates zu kommen, nun wird aber auf einen engen Kontakt zwischen Bundesregierung und Bundesrat schon von der Verfassung her, in manchen Beziehungen enger als zum Bundestag, großer Wert gelegt[4]. Daher können auch andere Personen, die von ihrer Amtsstellung her im Auftrag der Bundesregierung handeln können, an den Sitzungen des Bundesrates teilnehmen[5]. Sie haben im Gegensatz zu der Bundesregierung selbst aber keinen verfassungskräftigen Rechtsanspruch auf Teilnahme an den Sitzungen des Bundesrates. Die Zulassung dieser Personen und des Berichterstatters des Vermittlungsausschusses zeigt die Richtigkeit der Annahme, daß im Grundgesetz der Teilnehmerkreis, soweit es sich nicht um die Entscheidung handelt, für den Bundestag oder dem Bundesrat nicht abschließend festgelegt ist. Doch kann nicht jede Person, deren Anhörung sinnvoll sein könnte, zugelassen werden. Man wird ganz scharf trennen müssen zwischen Angehörigen anderer Bundesorgane und gesellschaftlichen Kräften wie den Verbänden. Die Bundesorgane sollen zusammenwirken, aber auch ihre Aufgaben in diesem Konzert erfüllen und sich nicht Dirigenten von den anderen Bundesorganen holen. Die Regelung, daß ein Mitglied des Vermittlungsausschusses im Bundesrat und im Bundestag zu berichten hat[6], ist sinnvoll und gefährdet nicht die Autonomie des Bundesrates. So wäre es z. B. auch denkbar, daß ein Mitglied des Bundestages die Gesetzesvorlagen im Bundesrat begründen könnte, um schon eine Anrufung des Vermittlungsausschusses zu vermeiden. Das Recht auf Anhörung im Bundesrat allen Bundestagsabgeordneten zu geben, würde wegen der großen Zahl der Abgeordneten die Funktionsunfähigkeit des Bundesrates auslösen. Um noch ein weiteres Beispiel zu nennen, könnte man dem Bundesverfassungsgerichtspräsidenten vor der Wahl neuer Mitglieder des Bundesverfassungsgerichts[7] Gelegenheit zu einer vorherigen Stellungnahme im Bundestag geben. Solche sinnvollen und begrenzten Mitwirkungen anderer Bundesorgane sind jedoch völlig verschieden von einer Anhörung der Verbände im Bundesrat, wenn auch die Pressionsmöglichkeiten bei den weisungsgebundenen Bundesratsmitgliedern, die zudem ihre Länderstimmen jeweils einheitlich abzugeben haben, viel geringer als bei den Mitgliedern des Bundestages sind. Wäre der Bundesrat verpflichtet, bei der Vorbereitung

---

[4] Art. 53 S. 3 GG.

[5] Vgl. *von Mangoldt - Klein*, Das Bonner Grundgesetz, Art. 43 Anm. IV 2.

[6] § 10 Abs. 1 Gemeinsame Geschäftsordnung des Bundestages und des Bundesrates für den Ausschuß nach Art. 77 des Grundgesetzes (Vermittlungsausschuß) v. 19. 4. 1951, Sartorius Nr. 36.

[7] Art. 94 Abs. 1 S. 2 GG.

VI. Der Bundesrat als Adressat eines Beteiligungsrechts

eines Gesetzentwurfes die Verbände zu beteiligen, würde sich dieser Anspruch im Ergebnis gegen die einzelnen Länderregierungen richten. Denn nur diese werden ein Gesetz entwerfen und dann versuchen im Bundesrat eine Mehrheit für ihre Initiative zu erhalten[8]. Da die Problematik ähnlich der eines Anspruches gegen die Bundesregierung ist, soll dort näher darauf eingegangen werden.

Der Bundesrat kann seine Entscheidungsbefugnis mit den Verbänden nicht ohne eine Änderung des Grundgesetzes teilen, da nicht einzelne Organe des Bundesstaates sich neue Aufgaben — als gemischte Vertretung der Länder- und Verbandsinteressen — geben bzw. die Verantwortung abschieben können[9]. Eine Anhörung im Bundesrat ist gleichfalls nicht möglich, weil im letzten Entscheidungsprozeß nur die Bundesratsmitglieder mitzuwirken haben, und die Länderregierungen in ihrem unverzichtbaren Recht auf alleinige Verhandlungs- und Entscheidungsbefugnis im Bundesrat beeinträchtigt werden. Damit gilt für den Bundesrat das gleiche wie für den Bundestag, auch bei Berücksichtigung der verschiedenen Zusammensetzung, Funktion und Geschäftsordnung.

2. Die Sitzungen der Ausschüsse des Bundesrates

Die Ausschüsse des Bundesrates haben die entsprechenden Aufgaben wie die Bundestagsausschüsse, sie bereiten die Beschlußfassung des Bundesrates vor[10]. Der Bundesrat hat sich auch die Möglichkeit offen gehalten, in den Ausschüssen Verbandsvertreter zu hören. Er unterscheidet nicht so klar wie der Bundestag zwischen öffentlichen Informationssitzungen und nichtöffentlichen Ausschußsitzungen, sondern bestimmt, daß die Ausschüsse, deren Sitzungen nicht öffentlich[11] sind, Sachverständige oder andere Personen, deren Teilnahme sie für erforderlich halten, anhören können (§ 40 Abs. 3 GeschO BR). Dennoch ist hieraus zu entnehmen, daß die Personen nur so lange anwesend sein können, als dies zur Anhörung notwendig ist. Trotz der mißverständlichen Überschrift des § 40 GeschO BR „Teilnahme und Fragerecht" haben die gehörten Personen kein Recht an den Verhandlungen teilzunehmen oder sogar mitzuentscheiden. Ansonsten kann auf die Ausführungen zu den Ausschüssen des Bundestages verwiesen werden.

---

[8] § 30 Abs. 1 GeschO BR.
[9] Vgl. *Wittkämper*, Grundgesetz und Interessenverbände, S. 186.
[10] § 39 Abs. 1 GeschO BR.
[11] § 37 Abs. 2 GeschO BR.

VII. Die Bundesregierung als Adressat eines Beteiligungsrechts

1. Die Bundesregierung und die Verbände

Sämtliche Beziehungen zwischen der Bundesregierung und den Verbänden aufzudecken, bedürfte einer eigenen Untersuchung. Nach den bisherigen Ergebnissen wurde jedoch deutlich, daß ein Beteiligungsanspruch praktisch nur gegen die Bundesregierung gerichtet sein kann. Hat dies für die Verbände überhaupt einen Wert, besteht ein Abhängigkeitsverhältnis irgendwelcher Art zwischen der Bundesregierung und den Verbänden, oder verhindert ein Beteiligungsanspruch das Regieren? Diese Fragen müssen geklärt werden, bevor man Berechtigung, Auswirkungen und Einordnung eines Beteiligungsanspruches in das Rechtssystem beurteilen kann.

a) Die Abhängigkeit der Bundesregierung von den Regierungsparteien

Die Bundesregierung wird den Verbänden ohne einen Rechtsanspruch, Einfluß an der Führung der Staatsgeschäfte nur einräumen, wenn dies aus bestimmten Gründen notwendig ist. Beurteilt man die Stellung der Regierung nur nach den Normen des Grundgesetzes, ist die Regierung weitgehend unabhängig. Die einzige Abhängigkeit besteht zwischen Regierung und Parlament, die jedoch durch das konstruktive Mißtrauensvotum[1] entschärft ist. Daraus könnte man den falschen Schluß ziehen, daß die Regierung, wenn sie erst einmal gewählt ist, unabhängig ist und nur geringe Rücksichten auf das Parlament und erst recht auf die Verbände zu nehmen braucht. Doch schon dieser im Grundgesetz aufgezeigte Gegensatz bzw. Abhängigkeitsverhältnis, Parlament auf der einen Seite, Regierung auf der anderen Seite stimmt nicht mit der Wirklichkeit unseres parlamentarischen Regierungssystems überein. Erst in neuerer Zeit sieht man auch in der Bundesrepublik, daß der wirkliche Gegensatz zwischen der Regierung und den Regierungsparteien einerseits und der Opposition[2] andererseits besteht, und zwar weil die einen die Regierungsverantwortung in der Hand haben und auch nach den nächsten Wahlen behalten wollen, und die anderen, wohl auch nicht nur wegen der „Verantwortung", diese bei den nächsten Wahlen erhalten wollen. Dies ist der Boden der fruchtbaren Spannung, von der der Bürger profitiert.

---

[1] Art. 67 GG; *Hesse*, Verfassungsrecht, S. 231 ff.
[2] *Dupré* in *Morstein Marx*, Verwaltung, S. 408 f.; *Fraenkel*, Die ordnungspolitische Bedeutung der Verbände im demokratischen Rechtsstaat, S. 25 f.; BVerfGE 2, 143 (170 f.); 5, 85 (224); *Stein*, Staatsrecht, S. 30 ff., 67 ff.; *Maunz - Dürig - Herzog*, Grundgesetz, Art. 62 Rdnr. 12.

VII. Die Bundesregierung als Adressat eines Beteiligungsrechts 77

Die Regierung muß also im politischen Alltag von den Regierungsparteien unterstützt werden und ist von ihnen abhängig. Ohne die Unterstützung der Regierungsparteien ist sie nur kurze Zeit überlebensfähig, aber kaum mehr handlungsfähig[3], da sie die Regierungsparteien bei der Einbringung neuer wichtiger Gesetze und des Haushaltsplans benötigt. Zwischen Regierung und Regierungsparteien besteht das stärkste Band der Abhängigkeit, die jedoch durch den beiderseitigen Willen zur Kooperation — bedingt dadurch, daß sie beide zum Erfolg verurteilt sind — gemildert ist[4].

b) Die Abhängigkeit der Regierungsparteien von den Verbänden

Die Regierungsparteien müssen auf die Wähler Rücksicht nehmen, da sie auf eine Wiederwahl Wert legen. Das Urteil der Wähler über die Regierungsparteien hängt weitgehend davon ab, ob sie ihre eigenen Interessen ausreichend gewahrt wissen durch diese Regierung, wobei sie sich in ihrer Urteilsbildung von ihren Verbänden beeinflussen lassen. Dies bedeutet keineswegs, daß sie von der Regierung verlangen, daß ihre Interessen vor dem Gemeinwohl vorangestellt werden müssen, weil sie ihre Interessen bei einer Gefährdung des Gemeinwohls auf die Dauer gleichfalls gefährdet wissen. Wird einer Interessengruppe ungerechtfertigt der Vorzug gegeben, wird meist eine andere Interessengruppe ungerechtfertigt benachteiligt. Das Urteil der Wähler ist weiter im hohen Maße von der öffentlichen Meinung[5] abhängig, auch diese wird in allen Bereichen von den Verbänden, insbesondere Arbeitgeberverbänden, Gewerkschaften und Kirchen geprägt, wobei wesentliche Faktoren die Abhängigkeit der Presse von dem Anzeigengeschäft und die kaum bekannte Vielzahl der Verbandspresse[6] sind.

Die Regierungsparteien müssen weiter Rücksicht nehmen auf die Interessenvertreter in ihren eigenen Reihen, die zum Teil nur aufgestellt und gewählt wurden, weil sie Interessenvertreter sind[7]. Dabei legt jede Partei Wert darauf, möglichst von allen Verbänden Vertreter in ihren Reihen zu haben, weil sie dort das größte Wählerpotential ansprechen kann. Da die Interessenvertreter über alle Fraktionen verteilt sind, handeln sie oft gemeinsam, unabhängig von den Vorstellun-

---

[3] *Hesse*, Verfassungsrecht, S. 232.
[4] *Duppré*, a.a.O., S. 390.
[5] Vgl. zu diesem wichtigen und doch ungeklärten Begriff, *Hennis*, Politik, S. 125 ff. (137).
[6] *Schneider*, Die Interessenverbände, S. 90 ff.; *Beyme*, Die Interessengruppen in der Demokratie, S. 151 ff.
[7] *Schneider*, a.a.O., S. 116 ff.; *Beyme*, a.a.O., S. 144 ff.

gen ihrer Parteien[8]. In solchen Fällen können die Fraktionen keine Fraktionsdisziplin ausüben, weil dies zu einer Zerreißprobe führen würde. Die Abhängigkeit der Parteien von den Verbänden, weil diese sie mitfinanzieren[9], ist unterschiedlich und dürfte durch die Wiedererstattung der Wahlkampfkosten gemildert sein[10].

Auch das Abhängigkeitsverhältnis zwischen den Parteien und Verbänden ist nicht einseitig, da die Verbände mit Hilfe der Parteien günstige gesetzliche Regelungen erreichen wollen und gerade da die Parteien mit fast allen Verbänden verbunden[11] sind, findet in den Parteien bereits ein Integrationsprozeß statt, der die Ansprüche auf ein vernünftiges Maß herabschraubt.

c) Die Abhängigkeit der Verbände von der Regierung

Ist die Regierung in erster Linie durch die Rückkoppelung[12] über die Regierungsparteien von den Verbänden abhängig, so legen die Verbände aus verschiedenen Gründen Wert auf gute direkte Beziehungen zur Regierung. Die Mehrzahl der im Parlament eingebrachten Gesetzentwürfe gehen auf Initiativen[13] der Regierung zurück. Die Verbände vermögen zwar mit Einsetzung all ihrer Machtmittel noch Änderungen von Einzelheiten im Parlament erreichen, aber kaum mehr die der Grundzüge. Sie müssen versuchen die Gesetzentwürfe nach ihren Vorstellungen bereits vor der Vorlage noch bei der Regierung zu beeinflussen. Noch ungünstiger ist die Lage für sie bei Rechtsverordnungen und Verwaltungsvorschriften, weil diese — wenn rechtmäßig — kaum mehr durch das Parlament im Wege der Gesetzesänderung anders gestaltet werden können. Nun finden sich aber in diesen Normen die Vorschriften, die die Gedanken der Gesetze in die Praxis umsetzen, wobei selbst für Rechtsverordnungen der durch Art. 80 Abs. 1 GG bestimmte Mindestrahmen einen weiten Spielraum läßt. Hier können noch wesentliche Entscheidungen darüber gefällt werden, ob bestimmte Interessen mehr oder weniger eingeschränkt oder gefördert werden, besonders wenn es um finanzielle Dinge geht. Weitere bedeutende Möglichkeiten der Regierung, die verschiedenen Interessen zu werten, ergeben sich

---

[8] *Schneider*, a.a.O., S. 123 ff.
[9] *Schneider*, a.a.O., S. 116 ff.; *Beyme*, a.a.O., S. 137 ff.
[10] Vgl. § 18 ff. Gesetz über die politischen Parteien v. 24. 7. 1967, BGBl. I S. 773.
[11] *Schneider*, a.a.O., S. 113 ff.; *Beyme*, a.a.O., S. 125 ff.
[12] *Stein*, Staatsrecht, S. 73 f.
[13] Vgl. *Loewenberg*, Parlamentarismus im politischen System der Bundesrepublik Deutschland, Tabelle 31; Statistisches Jahrbuch der Bundesrepublik Deutschland 1969, S. 119.

VII. Die Bundesregierung als Adressat eines Beteiligungsrechts 79

durch den Haushaltsplan, das Stabilitätsgesetz und die Mittelfristige Finanzplanung[14]; dies um so mehr, als es den Verbänden heute vor allem darauf ankommt, daß die von ihnen vertretenen Interessen durch die Politik der Regierung gefördert werden und weniger um die Abwehr von Eingriffen geht.

Dies zeigt eindeutig, daß die Verbände an einer Beeinflussung sämtlicher bei der Regierung entstehenden Rechtsnormen interessiert sein müssen, wenn sie die Verbandsinteressen besonders vorteilhaft verfolgen wollen[15]. Die ideale Situation für die Verbände ist dann gegeben, wenn die Regierung verpflichtet ist, sie bei der Schaffung von Rechtsnormen — auch bei Gesetzentwürfen —, die ihren Interessenbereich berühren, zu beteiligen. Daher soll nun geprüft werden, wie die Lage bisher war, welche Auswirkungen solch ein Rechtsanspruch hat und ob die Verleihung eines solchen Rechtsanspruches in einem einfachen Gesetz zulässig ist.

2. Die Beteiligung der Verbände bei Gesetzentwürfen

a) Die Vorbereitung ohne einen Anspruch der Verbände auf Beteiligung

Jede Regierung ist gezwungen, laufend die bestehende Rechtslage an die sich verändernde Wirklichkeit mit ihren neuen Forderungen anzupassen, weil die Gesetze die Grundlage ihres Handelns sind und ihr Erfolg von der „Richtigkeit" der Gesetze abhängt. Ein Hauptteil der Arbeit der einzelnen Abteilungen und Referate in den Ministerien liegt in der Überprüfung und Anpassung der bestehenden Gesetze, sowie in dem Entwurf neuer Gesetze. Entsprechend der Aufgabenverteilung in der Regierung und der Möglichkeit auf Grund von § 26 GGO II ein suspensives Veto einzulegen, haben die Minister für Inneres, Justiz und Finanzen eine gewisse Schlüsselstellung bei der Abfassung von Gesetzentwürfen[16].

Die Ministerien schalten die Verbände entsprechend den Regelungen des § 23 GGO II ein[17]:

---

[14] Gesetz zur Förderung der Stabilität und des Wachstums der Wirtschaft v. 8. 6. 1967, BGBl. I S. 582; *Beyme*, a.a.O., S. 86 bezeichnet auch die Planung als wichtigen Anlaß zur Einflußnahme durch die Verbände.
[15] Das Schwergewicht der Lobbytätigkeit liegt bei der Regierung, *Hennis*, Politik, S. 190 ff.; *Loewenberg*, Parlamentarismus im politischen System der Bundesrepublik Deutschland, S. 344.
[16] *Loewenberg*, a.a.O., S. 341.
[17] Abdruck der GGO in *Lechner - Hülshoff*, Parlament und Regierung, München und Berlin, 2. Aufl., 1958, Nr. 38. Es wurde hier nicht die wichtige

„Beschaffung von Unterlagen

1. Zur Beschaffung von Unterlagen für die Vorbereitung von Gesetzen können die Vertretungen der beteiligten Fachkreise herangezogen werden. Das gilt auch für die Spitzenverbände der Gemeinden und Gemeindeverbände. Zeitpunkt, Umfang und Auswahl bleiben, wenn nicht Sondervorschriften bestehen, dem Ermessen überlassen. Soll der Entwurf vertraulich behandelt werden, ist es zu vermerken.
2. Bei Gesetzentwürfen von besonderer politischer Bedeutung ist, bevor mit den Vertretern der Fachkreise Fühlung genommen wird, eine Grundsatzentscheidung des Kabinetts einzuholen. Im übrigen ist darauf zu achten, daß mit den Vertretungen der Fachkreise nicht in einer Weise Fühlung genommen wird, die dem Kabinett die Entscheidung erschwert.
3. Verbände, deren Wirkungskreis sich nicht über das gesamte Bundesgebiet erstreckt, sind im allgemeinen nicht heranzuziehen."

Die Überschrift „Beschaffung von Unterlagen" gibt den falschen Eindruck wieder, daß es nur um die Beschaffung von Informationen gehe, es findet jedoch ein Meinungsaustausch mit dem Ziel, möglichst eine Übereinstimmung zu erreichen, statt[18]. Hat die Regierung einen Gesetzentwurf „verbandsfest" gemacht, bereitet es in der Regel keine Schwierigkeiten mehr, diesen im Bundestag durchzubringen[19]. Aus den Bestimmungen des § 23 GGO II ergibt sich eindeutig, daß die Regierung bemüht ist, sich einen Handlungsspielraum zu erhalten, daher bleibt die Beteiligung in jeder Hinsicht dem Ermessen überlassen, und den Beamten ist es untersagt, irgendwelche Zusagen über den Regierungsentwurf zu machen.

Die vom Parlament immer wieder beklagte Tatsache, daß die Verbände vor ihm über Gesetzentwürfe unterrichtet wurden[20] und diese in einer kaum mehr abzuändernden Weise beeinflußt haben, läßt sich nun einmal nicht ändern, es sei denn, das Parlament tritt mit Hilfe seines parlamentarischen Hilfsdienstes[21] wieder aktiv in die Rolle des Gesetzgebers ein. Den Versuchen der Verbände über die mit der Regierung erzielten Kompromisse hinaus weitere Forderungen im Parlament erfüllt zu bekommen, kann und muß die Regierung entgegentreten, obwohl sie in einer schlechteren Lage als die Verbände ist. Sie hat

---

Mitwirkung der Verbände in Beiräten und Kommissionen berücksichtigt, da dies nicht mehr direkt zum Rechtssetzungsverfahren zählt und einer eigenen Untersuchung bedürfte, vgl. hierzu *Beyme*, a.a.O., S. 171 ff.

[18] *Hennis*, Politik, S. 194.
[19] *Hennis*, a.a.O., S. 192.
[20] *Lehners*, DDB 1964, S. 68; *Schuler*, DDB 1964, S. 152; *Hennis*, a.a.O., S. 195; *Schäfer*, Der Bundestag, S. 295 f. fordert, daß die Referentenentwürfe nicht nur den Interessenvertretern, sondern auch den Abgeordneten vorgelegt werden.
[21] Vgl. *Odewald*, Der parlamentarische Hilfsdienst in den Vereinigten Staaten von Amerika und in der Bundesrepublik Deutschland, 1967.

VII. Die Bundesregierung als Adressat eines Beteiligungsrechts

zwar die Möglichkeit direkt im Parlament zu sprechen, doch die Verbände finden meist einen oder mehrere Abgeordnete, die ihre Sache zur eigenen machen. Das Parlament ist nicht an die Kompromisse der Regierung gebunden, es wird aber kaum einen Abstrich davon machen, sondern versuchen, selbst noch ein bißchen „gefällig"[22] zu sein. Das Parlament und die Öffentlichkeit sind natürlich daran interessiert zu wissen, inwieweit der Gesetzentwurf von den Verbänden beeinflußt ist. Hierzu gibt es den technisch sehr einfach zu verwirklichenden Vorschlag von Hennis[23], wonach die Unterlagen der Verbände und möglichst auch die Protokolle der Verhandlungen dem Parlament zur Verfügung gestellt werden. Dadurch könnte das Informationsbedürfnis gestillt und eine gewisse Transparenz erreicht werden, es entstehen jedoch auch Nachteile bei einer solchen Regelung. Die Regierung ist für den ganzen Entwurf verantwortlich, und es sollte nicht mit zweierlei Maß gemessen werden, was direkt von der Regierung und was von den Verbänden stammt, sondern ob es dem Gemeinwohl zuträglich ist oder nicht. Die Vertraulichkeit solcher Gespräche ist erforderlich, sonst legen sich weder Regierung noch Verbände fest, da ein jeder auf die Verhandlungsstation im Bundestag wartet und die Sachlichkeit des Gespräches leidet unter dem öffentlichen Charakter. Regierung und Verbände würden in eine Gegnerstellung gedrängt werden, das Parlament müßte sich für Regierung oder für Verbände, möglicherweise für den einen gegen den anderen Verband entscheiden, was zwangsläufig erst recht zur Verbandsdemokratie führt. Das Parlament sollte aber zumindest erfahren, welche Verbände bei dem Gesetzentwurf beteiligt wurden und kann dann aus diesem Wissen entsprechende Folgerungen ziehen.

b) Die Vorbereitung mit einem Anspruch der Verbände auf Beteiligung

Erhalten bestimmte Verbände das Recht, bei sie betreffenden Gesetzentwürfen mitzuwirken, können sich für die Regierung daraus verschiedene Nachteile ergeben. Die Zahl der Verbände wird erhöht, was sich auf die Dauer der Vorbereitungsarbeiten niederschlägt. Diese Arbeiten können nachhaltig von solchen Verbänden gestört werden, die sich nicht an die Vertraulichkeit eines Entwurfes halten und vielleicht einseitig mit der Opposition zusammenarbeiten. Hier müßte die Regierung die Möglichkeit haben, diese Verbände eine Zeit lang aus-

---

[22] *Naumann*, Die ethische Verantwortung der Interessenverbände im sozialen Rechtsstaat, S. 42; *Hennis*, Politik, S. 192.
[23] *Hennis*, a.a.O., S. 199.

zuschließen oder sie erst kurz vor der Einbringung eines Gesetzentwurfes (nur noch formell) zu beteiligen. Der Anspruch bestimmter Verbände darf nicht dazu führen, daß andere Verbände nicht mehr beteiligt werden dürfen, weil diese sonst diskriminiert werden und die Regierung in ihrem Recht auf umfassende Information beeinträchtigt wird. In Eilfällen muß es der Regierung möglich sein, einen Gesetzentwurf ohne langwierige — in den Verbänden sollte immer ein Meinungsprozeß von unten nach oben stattfinden[24] — Beratung mit den Verbänden im Bundestag einzubringen. Die Regierung dürfte nicht verpflichtet werden, echte Verhandlungen mit den Verbänden zu führen, weil sie sich durch rechtliche Verpflichtungen bzw. Zusagen in ihrer politischen Handlungsfreiheit nicht binden darf[25]. Die Regierung kann letztlich nicht daran gehindert werden, politisch brisante Gesetzentwürfe in den Ministerien ausarbeiten zu lassen, diese aber durch die Abgeordneten der Regierungsparteien einbringen zu lassen[26], um einer Zerreißprobe bzw. einer Ablehnung des Entwurfes durch das Parlament aus dem Wege zu gehen. Wäre die Regierung in solch einem Fall verpflichtet, die Verbände anzuhören, hätte diese Möglichkeit keinen Wert mehr für sie. Haben die Verbände einen Rechtsanspruch auf Beteiligung, könnten sie evtl. die Regierung hindern die Gesetzesvorlage im Bundestag einzubringen, wenn sie noch nicht gehört wurden oder die Regierung zum „Offenbarungseid" über alle in der Vorbereitung sich befindenden Gesetzentwürfe zwingen.

Als Vorteil wäre auch hier wieder die Integrationswirkung zu nennen, wenn die Regierung gezwungen wird, die maßgeblichen Verbände anzuhören, und diese ihre Forderungen nicht nur mit Hilfe der öffentlichen Meinung durchsetzen müssen. Durch eine Anhörung dieser Verbände wird ein parteipolitisches Engagement ihrerseits vermieden, ihr erster Gesprächspartner ist jeweils die Bundesregierung, unabhängig wie sie zusammengesetzt ist. Die Zubilligung eines Anspruches an die Verbände auf Beteiligung ohne die zahlreichen notwendigen Einschränkungen könnte die Regierung in ihrer Tätigkeit entscheidend lähmen und sie in ein Abhängigkeitsverhältnis zu den Verbänden bringen. Eine gesetzliche Regelung, auch eine Verfassungsänderung, sollte der Bundesregierung ihr Ermessen an der Beteiligung der Verbände erhal-

---

[24] Vgl. zur inneren Vereinigungsfreiheit *Stein*, Staatsrecht, S. 140 f.
Beyme, Interessengruppen in der Demokratie, S. 187 ff. spricht von der „innerverbandlichen Demokratie".
[25] Vgl. *Schüle*, Koalitionsvereinbarungen im Lichte des Verfassungsrechts, S. 59 ff., der für eine ähnliche Problemlage die rechtliche Bindung ablehnt. *Wittkämper*, Grundgesetz und Interessenverbände, S. 189 f.; *Maunz - Dürig - Herzog*, Grundgesetz Art. 65 Rdnr. 15 ff.
[26] Loewenberg, Parlamentarismus im politischen System der Bundesrepublik Deutschland, S. 324.

VII. Die Bundesregierung als Adressat eines Beteiligungsrechts 83

ten. Ansonsten wird die Regierung in unzulässiger Weise in ihrer Regierungsverantwortung eingeschränkt.

c) Zulässigkeit einer Verpflichtung der Bundesregierung

Es muß Bedenken erregen, daß der Bundestag durch ein Gesetz Fragen regelt, die bisher in den Geschäftsordnungen der Bundesregierung[27] und der Bundesministerien[28] berücksichtigt waren, denn auch der Bundesregierung steht die Geschäftsordnungsautonomie[29] zu. Nun wäre es etwas vordergründig argumentiert, wenn alle Probleme einer gesetzlichen Regelung durch den Bundestag nur deshalb entzogen[30] wären, weil sich bereits eine Regelung in der Geschäftsordnung der Bundesregierung findet, oder diese Frage geeignet wäre, dort geregelt zu werden. Damit wäre der Kern des Problems noch nicht erfaßt.

Man wird davon ausgehen müssen, daß das Recht der Bundesregierung sich eine Geschäftsordnung zu geben, sich nicht von dem des Bundestages oder des Bundesrates unterscheidet. Es sei denn, man will daraus Folgerungen ziehen, daß die Geschäftsordnung der Bundesregierung durch den Bundespräsidenten genehmigungspflichtig[31] ist, im Gegensatz zu den Geschäftsordnungen des Bundestages und des Bundesrates. Die Geschäftsordnung der Reichsregierung war gleichfalls vom Reichspräsidenten zu genehmigen (Art. 55 WV), es handelt sich wieder um eine traditionelle Fortführung eines Rechts des Bundespräsidenten, dem keine große Aussagekraft beizumessen ist. Daher wird man klären müssen, aus welchen Gründen der Bundesregierung das Recht verliehen ist, sich eine Geschäftsordnung zu geben und unter welchen Umständen dieses Recht durch eine gesetzliche Regelung verletzt wird. Die Bundesregierung könnte ebensowenig wie die anderen Bundesorgane ihre Arbeit sinnvoll erledigen, wenn sie sich nur nach den Grundsätzen des Grundgesetzes richten würde. Diese Bestimmun-

---

[27] Art. 65 S. 4 GG. Zum Rechtscharakter dieser Geschäftsordnung vgl. *von Mangoldt - Klein*, Das Bonner Grundgesetz, Art. 65 Anm. VI 1; *Böckenförde*, Die Organisationsgelcalt im Bereich der Regierung, S. 122 ff.; in § 10 GeschO BReg. ist nur der Empfang von Deputationen geregelt (vgl. *Hennis*, Politik, S. 200).
[28] Die GGO II ist vom Kabinett verabschiedet, es handelt sich um eine Dienstanweisung (*von Mangoldt - Klein*, a.a.O., Art. 65 Anm. VI 4). Große Teile der GGO II sind als Ausführungsvorschriften und Ergänzungen der Geschäftsordnung der Bundesregierung zu verstehen. Gerade der Verkehr mit den Verbänden ist für jede Regierung sehr wichtig und ein Bestandteil der durch die Geschäftsordnung zu regelnden Regierungstätigkeit. Vgl. auch *Böckenförde*, a.a.O., S. 127 f.
[29] Art. 65 S. 4 GG.
[30] Vgl. *Böckenförde*, a.a.O., S. 125.
[31] Vgl. *Böckenförde*, a.a.O., S. 123.

gen müssen erst in einen für den Ablauf der Arbeit zweckmäßigen Zusammenhang gebracht, erläutert und ergänzt werden. Besonders deutlich wird dies bei der Geschäftsordnung des Bundesrates, die jeweils ihren Bestimmungen die einschlägigen Grundsätze des Grundgesetzes voranstellt. Dabei ist es möglich, durch nur scheinbar technische Regelungen den Grundsätzen des Grundgesetzes eine neue Wertung zu geben. Die Geschäftsordnung der Bundesregierung gibt dem Bundeskanzler weit größere Möglichkeiten seine Richtlinienkompetenz durchzusetzen, als dies aus dem Nebeneinander von Kanzler-, Ressort- und Kollegialprinzip in Art. 65 GG geschlossen werden könnte[32]. Eine Geschäftsordnung muß praktikabel[33] sein, die an sie gestellten Forderungen können sich mit einem Wechsel der Personen oder der Zeit schnell ändern. Aus diesem Grunde verzichtet man darauf, die wichtigen Geschäftsordnungen der obersten Bundesorgane in die Verfassung aufzunehmen, außerdem würde sie sonst zu umfangreich werden. Da aber die Geschäftsordnungen für die einzelnen Bundesorgane so große Bedeutung wie die einschlägigen Bestimmungen des Grundgesetzes selbst haben, muß es ihnen überlassen bleiben, sich selbst eine Geschäftsordnung zu geben[34]. Könnte ein Bundesorgan dem anderen eine Geschäftsordnung aufzwingen, wäre dieses nicht selbständig und das System der sich hemmenden Gewalten entscheidend durchbrochen[35]. Dies gilt zweifelsohne für alle Ausführungsbestimmungen zu den im Grundgesetz enthaltenen Grundsätzen. Dem gegenüber besteht das Recht des Bundestages die Bundesregierung zu kontrollieren, was in einem gewissen Gegensatz zu der Geschäftsordnungsautonomie der Bundesregierung steht. So hat es bisher keinen Anstoß erregt, wenn der Bundestag die Bundesregierung durch Gesetz oder Beschluß verpflichtet bestimmte Berichte vorzulegen, Kommissionen und Beiräte zu bilden, obwohl damit in die Richtlinienkompetenz und das Ressortprinzip eingegriffen wird[36]. Anerkannte Regeln über die Zulässigkeit solcher Verpflichtungen oder die Folgen, wenn die Bundesregierung diesen Aufforderungen nicht nachkommt, gibt es noch nicht. Davon zu unterscheiden ist der Fall, daß der Bundestag die Bundesregierung verpflichtet, die Verbände bei der Vorbereitung von Gesetzen zu beteiligen. Hier nimmt nicht das Parlament irgendwelche Aufgaben oder Rechte wahr, sondern verleiht den im Grundgesetz nicht berücksich-

---

[32] *Hennis*, Politik, S. 166 ff.
[33] Vgl. *Schäfer*, Der Bundestag, S. 59.
[34] Vgl. *Arndt*, Parlamentarische Geschäftsordnungsautonomie und autonomes Parlamentsrecht, S. 60 ff.
[35] Vgl. *Arndt*, a.a.O., S. 60 ff.
[36] Vgl. *Criegee*, Ersuchen des Parlaments an die Regierung; *Böckenförde*, a.a.O., S. 294.

VII. Die Bundesregierung als Adressat eines Beteiligungsrechts 85

tigten Verbänden Ansprüche gegen die Regierung bei der Wahrnehmung ihrer verfassungsmäßigen Aufgaben. Die Bedeutung solch einer Regelung für die Bundesregierung läßt sich aus dem aufgezeigten Abhängigkeitsverhältnis zwischen den Verbänden und der Regierung sowie aus der Tatsache, daß in allen Geschäftsordnungen der Verkehr mit den Verbänden geregelt ist, ersehen. Es handelt sich also nicht nur um eine bloße Nebenfrage, deren Regelung ohne Bedeutung für die Arbeit der Bundesregierung wäre. Der Bundestag kann nicht den Verbänden einen Anspruch auf Beteiligung bei der Vorbereitung geben, weil für solch einen Eingriff in die Geschäftsordnungsautonomie der Bundesregierung jegliche Grundlagen im Grundgesetz fehlen.

Man wird den Anspruch der Verbände gegen die Bundesregierung auf Beteiligung bei der Vorbereitung mit einem Anspruch auf Mitwirkung im Gesetzgebungsverfahren gleichsetzen müssen und ihn deshalb auch einer verfassungsrechtlichen Regelung vorbehalten müssen. Dies ergibt sich daraus, daß die Bundesregierung gezwungen ist, Gesetzentwürfe vorzulegen und dann praktisch ihr Initiativrecht mit den Verbänden teilen muß. Das Initiativrecht und die Vorbereitung der Entwürfe durch die Inhaber des Initiativrechts sind aber zum Gesetzgebungsverfahren zu zählen.

Überschreitet der Bundestag seine Kompetenzen, wenn er den Verbänden Ansprüche gegen die Bundesregierung zubilligt, könnte die Bundesregierung selbst immer noch in ihrer Geschäftsordnung den Verbänden solche Ansprüche zubilligen. Das würde jedoch wieder die Folge herbeiführen, daß die Verbände bei Streitigkeiten mit der Bundesregierung vor dem Bundesverfassungsgericht klagen könnten (Art. 93 Abs. 1 Nr. 1 GG). Die Bundesregierung kann jedoch ebensowenig wie der Bundestag die Verbände zu gleichberechtigten Organen im Gesetzgebungsverfahren bzw. in der Phase der Vorbereitung erheben. Die Zuerkennung solch einer Rechtsstellung hätte schwerwiegende Auswirkungen auf die bisher geübte Praxis die Verbände zu beteiligen, da die Verbände die Beteiligung nun erzwingen könnten und der Bundesregierung weitgehend ihr politischer Handlungsspielraum entzogen wird.

3. Die Beteiligung der Verbände bei Rechtsverordnungen

Beim Erlaß von Rechtsverordnungen wird § 23 GGO II entsprechend angewendet (§ 62 GGO II). Oft besteht natürlich kein Bedürfnis die Verbände anzuhören, weil die Regelungen nicht die Interessen der Verbände bzw. ihrer Mitglieder berühren. Zudem ist die Regierung auf die Unterstützung der Verbände kaum angewiesen, weil sie selbst die letzte Entscheidungsstelle ist. Da der Bundestag rein theoretisch die Regierung nicht ermächtigen muß, Rechtsverordnungen zu erlassen, könnte er bei einer Ermächtigung die Regierung zwingen, vor dem Erlaß von Rechtsverordnungen die Verbände zu hören[37]. Doch muß Art. 80 Abs. 1 GG gleichfalls als abschließende Ermächtigung[38] zum Erlaß von Rechtsverordnungen aufgefaßt werden, so daß die Verbände zu Beteiligten, gleich welcher Art, nur durch eine Änderung des Grundgesetzes erhoben werden könnten. Anderer Meinung mag man für gemischte Ausschüsse sein. Ansonsten ergeben sich in der Begründung, eine Verpflichtung der Bundesregierung abzulehnen, keine Unterschiede — abgesehen von der hier nicht stattfindenden Verletzung des Initiativrechts — zu den vorangegangenen Ausführungen.

VIII. Die Verfassungswidrigkeit der Regelung des § 94 BBG

Eine gesetzliche Regelung, die z. B. den Rechtsanwälten, Ärzten, Handwerkern oder Landwirten einen Rechtsanspruch auf Beteiligung bei der Vorbereitung von Rechtsnormen oder im Gesetzgebungsverfahren verschafft, wäre ein Verstoß gegen die Verfassung. Bei den Beamten könnte es sich hingegen um einen Ausfluß der Koalitionsfreiheit handeln und daher im Einklang mit der Verfassung stehen. In der Untersuchung wurde das Recht des § 94 BBG als spezifisch koalitionsgemäßes Betätigungsmittel abgelehnt, weil es auf die Spitzenorganisation beschränkt war. Nun könnte man versucht sein, dieses Recht dennoch als Ausfluß der Koalitionsfreiheit zu bezeichnen, weil nur der Gesetzgeber eine andere Bestimmung erlassen kann und den Beamtenkoalitionen mit dieser Regelung mehr gedient ist, als wenn gar keine vorhanden wäre. Aber auch solch ein Versuch wäre zum Scheitern bestimmt, da ein Rechtsanspruch auf Beteiligung bei der Rechtsetzung nicht durch ein einfaches Gesetz verliehen werden kann, selbst wenn dadurch die Koalitionsfreiheit der Beamten gefördert würde. Denn solch ein Recht wäre — da es sich nicht als Sonderrecht herausgebildet hat und nicht unbedingt in dieser Form den Beamtenverbänden zukommen müßte — ein Einbruch in wesentliche Verfassungsprinzipien der Gesetzgebung und der Stellung der im Grundgesetz genannten Verfassungsorgane zueinander. Der Bundestag, Bundesrat und die Bundesregierung können die Beteiligung der Verbände bei der Rechtsetzung in ihren Geschäftsordnungen nicht in der Form veran-

---

[37] Vgl. § 33 Abs. 1 Heimarbeitsgesetz v. 14. 3. 1951; § 41 Abs. 2 Schwerbeschädigtengesetz v. 14. 8. 1961.

[38] Vgl. zu einem Zustimmungsvorbehalt des Parlaments: *Duppré* in *Morstein Marx*, S. 399 f.; *von Mangoldt - Klein*, Das Bonner Grundgesetz, 1969, Art. 80 Anm. V 8; *Maunz - Dürig - Herzog*, Grundgesetz, Art. 62 Rdnr. 38.

VIII. Die Verfassungswidrigkeit der Regelung des § 94 BBG

kern, daß diese einen Anspruch erhalten und damit nach Art. 93 Abs. 1 Nr. 1 GG in den Rang von Verfassungsorganen erhoben werden. Diese drei bei der Rechtsetzung mitwirkenden Verfassungsorgane können auch nicht durch Gesetz oder Rechtsverordnung den Verbänden einen Rechtsanspruch auf Beteiligung verleihen, weil dies einen Eingriff in die Geschäftsordnungsautonomie und das Initiativrecht bedeutet.

So zeigen gerade Ule's Ausführungen[1], der von der Verfassungsmäßigkeit des § 94 BBG ausgeht, daß § 94 BBG zum Rechtsetzungsverfahren zu rechnen ist und nicht nur ein unproblematischer Anspruch auf Beteiligung bei der Vorbereitung ist. Ule hat eingehend die Folgen einer unterbliebenen Beteiligung aufgezeigt, wenn es sich um einen echten Rechtsanspruch der Spitzenorganisationen handelt. Die Gültigkeit von Gesetzen sei nicht betroffen, weil der Gesetzgeber beim Erlaß neuer Gesetze nicht an die früheren Gesetze gebunden sei[2]. Diese Ansicht kann in Zweifel gezogen werden, da die gesetzlich vorgesehene Mitwirkung der Koalitionen, insbesondere wenn sie Ausfluß der Koalitionsfreiheit ist, nicht ohne weiteres mit der Aufhebung eines früheren Gesetzes verglichen werden kann. In solch einem Falle müßte man vielleicht auch danach unterscheiden, ob der Gesetzgeber bewußt oder unbewußt die Koalitionen nicht beteiligt[3]. Folgerichtig nimmt Ule die Nichtigkeit von Rechtsverordnungen an, wenn die Beteiligung der Spitzenorganisation unterblieben ist. Denn es kann nicht darauf ankommen, ob die Spitzenorganisationen, wenn sie schon einmal in das Rechtsetzungsverfahren eingebaut sind, das Recht zur Mitentscheidung haben. So zieht die unterbliebene Beteiligung des Bundesrates, auch wenn sein Einspruch überstimmbar ist, die Nichtigkeit eines Gesetzes nach sich. Ule begründet dies damit, daß Rechtsverordnungen nur im Rahmen der gesetzlichen Vorschriften ergehen können[4]. Sind die Spitzenorganisationen überhaupt nicht beteiligt worden, bereitet es keine Schwierigkeiten die Nichtigkeit einer Rechtsverordnung festzustellen. Anders ist es, wenn die Spitzenorganisationen sich nicht zu allen Punkten, insbesondere späteren Änderungen zumindest angehört glauben und daher die unterbliebene Beteiligung rügen. Noch schwieriger wird es, wenn der Begriff „Beteiligung" mehr aussagt und von der Regierung verlangt als eine „Anhörung"[5]. Dies würde zu einer großen

---

[1] *Ule*, ZBR 1962, S. 171 ff.
[2] *Ule*, ZBR 1962, S. 171; ebenso *Brenner*, Der Betriebs-Berater, 1960, S. 874.
[3] Vgl. *Maunz - Dürig - Herzog*, Grundgesetz, Art. 20 Rdnr. 139; Gesetze über das Gesetzgebungsverfahren müssen eigens abgeändert werden und werden nicht automatisch durch ein unter Verletzung dieses Gesetzes zustandegekommenes Gesetz aufgehoben.
[4] Vgl. *Neis*, Koalitionsfreiheit, S. 58.
[5] Ebenso *Brenner*, Der Betriebs-Berater, 1960, S. 874.

D. Chancen und Grenzen eines gesetzlichen Beteiligungsrechts

Rechtsunsicherheit führen, da eine ausreichende Beteiligung nur durch Zeugenvernehmungen nachgewiesen werden könnte. Auch diese Überlegungen zeigen, daß die Regelung des § 94 BBG verfassungswidrig ist, weil ein solches Beteiligungsrecht nur durch das Grundgesetz selbst eingeräumt werden kann und das Verfahren sicher bestimmt sein muß.

Dieses Ergebnis zeitigt in der politischen Wirklichkeit für die Beamten und ihre Verbände nur wenig Nachteile, da bei der Rechtsetzung zumindest auf der Referentenebene Beamte mitwirken und die Beamtenverbände auf Grund ihrer großen Bedeutung sich immer zu Gehör bringen können. Eine der Koalitionsfreiheit der Beamten mehr entsprechende Regelung sollte nur gleichzeitig mit einer Neuordnung des öffentlichen Dienstes erfolgen. Der Gesetzgeber kann sich einer grundsätzlichen Lösung in der Beteiligung der Verbände durch eine Änderung des Grundgesetzes nicht entziehen, indem er einzelnen Verbänden entsprechende Rechtsansprüche in einfachen Rechtsnormen verleiht. Die Zeit für eine solche Lösung ist noch nicht gekommen, es sind aber einzelne Verbesserungen möglich, die sowohl zur Integration der Verbände beitragen als auch der Transparenz der Rechtsetzung dienlich sind.

E. Zusammenfassung

1. Es ist noch nicht gelungen, den Verbänden eine ihrer Bedeutung entsprechende Stellung im Staatsrecht zuzuerkennen und damit ihnen Aufgaben und Grenzen ihrer Macht zu setzen, obwohl hiervon die Glaubwürdigkeit unserer Demokratie abhängt.
2. Den Spitzenorganisationen der Beamtenverbände ist ein einzigartiges Recht durch § 94 BBG verliehen worden, insofern sie bei der Vorbereitung allgemeiner Regelungen der beamtenrechtlichen Verhältnisse zu beteiligen sind und ihre Beteiligung nicht ins Ermessen gestellt ist.
3. Die Auslegung und die Entstehungsgeschichte des § 94 BBG lassen keine eindeutigen Feststellungen über seinen Sinn und Zweck, Ausmaß, Adressat und Folgen einer unterbliebenen Beteiligung zu.
4. Das Beteiligungsrecht könnte ein Ausfluß der Koalitionsfreiheit der Beamten oder eine dem § 23 GGO II nachgebildete Regelung sein.
5. Haben die Koalitionen, insbesondere die Beamtenkoalitionen einen Anspruch auf Beteiligung auf Grund der Koalitionsfreiheit, kann dies nicht mit der Beteiligung anderer Verbände gleichgesetzt werden.
6. Die Koalitionsfreiheit wird wie kein anderes Grundrecht aus ihrem geschichtlichen Werdegang verstanden und begrenzt.
7. Die Koalitionsfreiheit gewährt den Koalitionen einen geschützten Betätigungsbereich und bestimmte Betätigungsmittel (Tarifvertragssystem) gegenüber ihren sozialen Gegenspielern.
8. Der Betätigungsbereich der Koalitionen, soweit er die Förderung und Wahrung der Arbeits- und Wirtschaftsbedingungen betrifft, ist auch gegenüber dem Staat geschützt.
9. Die Koalitionen haben keine spezifisch koalitionsgemäßen Betätigungsmittel gegenüber dem Staat. Eine Sonderstellung der Koalitionen in diesem Bereich gibt es nicht und hat auch keine innere Berechtigung, da die Arbeits- und Wirtschaftsbedingungen der selbständigen Berufe in viel größerem Maße von dem Gesetzgeber geprägt werden.

10. Die Koalitionsfreiheit der Beamten ist historisch und rechtlich eine Besonderheit gegenüber der allgemeinen Koalitionsfreiheit, obwohl auch sie durch Art. 9 Abs. 3 GG gewährleistet ist. Die Grundrechte, so auch die Koalitionsfreiheit, können durch Art. 33 Abs. 5 GG für die Beamten eingeschränkt werden.

11. Der Sozialpartner der Bundesbeamten und ihrer Verbände ist nicht der gesamte Staat, sondern nur die Bundesregierung. Die Beamtenkoalitionen haben bisher kein bestimmtes Betätigungsmittel gegenüber der Bundesregierung; es würde der Koalitionsfreiheit entsprechen, ihnen eine gewisse Mitwirkung bei der Festsetzung ihrer Dienstbedingungen zu gestatten.

12. Das Beteiligungsrecht des § 94 BBG ist nur den Spitzenorganisationen eingeräumt und damit nicht ein durch Art. 9 Abs. 3 GG gewährleistetes Betätigungsmittel der Beamtenkoalitionen.

13. Durch die Beteiligung von Verbänden bei der Rechtsetzung erhält man Entscheidungshilfen und fördert die teilweise notwendige Integration der Verbände.

14. Der Bundestag kann ohne eine Änderung des Grundgesetzes die Verbände nicht an der Rechtsetzung beteiligen oder sie im Plenum anhören, weil er die eigenen verfassungskräftigen Rechte nicht mit den Verbänden teilen darf.

15. Die Ausschüsse sind als „vorbereitende Beschlußorgane" nicht die richtigen Adressaten des § 94 BBG. Der Bundestag kann den Verbänden weder durch Gesetz noch durch seine Geschäftsordnung einen Rechtsanspruch auf Anhörung oder Beteiligung in den Ausschüssen einräumen, weil der Kreis der zur Mitwirkung bei der Gesetzgebung Berufenen im Grundgesetz abschließend geregelt ist. Der Bundestag sollte in geeigneten Fällen die Ausschüsse verpflichten, Informationssitzungen abzuhalten.

16. Eine Konsultationspflicht der Abgeordneten vor der Einbringung von Gesetzentwürfen gegenüber den Verbänden würde diese unerträglich in ihrer Stellung als Abgeordnete, ihrem Initiativrecht und der Entfaltung ihrer persönlichen Freiheit beschränken.

17. Für den Bundesrat und seine Ausschüsse gilt trotz ihrer vom Bundestag unterschiedlichen Zusammensetzung und Aufgaben das Gleiche wie dort.

18. Die Bundesregierung ist in erster Linie von den Regierungsparteien abhängig, diese wiederum von dem Wählerreservoir in den Verbänden und der von den Verbänden beeinflußten öffentlichen Meinung. Die Verbände stehen zu der Regierung in einem gewis-

E. Zusammenfassung

sen Abhängigkeitsverhältnis, da die sie berührenden Gesetzentwürfe der Regierung vom Parlament oft nur noch unwesentlich geändert werden, die Rechtsvorschriften und Verwaltungsvorschriften der Regierung ihre Interessen erheblich berühren, und die Regierung Prioritäten bei der Interessenwertung durch den Haushaltsplan und die Mittelfristige Finanzplanung setzt. Diese Abhängigkeitsverhältnisse ergänzen sich alle untereinander und heben sich damit zum Teil auf.

19. Die Bundesregierung beteiligt die Verbände bei den Vorbereitungsarbeiten von Rechtssätzen (§§ 23, 62 GGO II), sie ist jedoch frei in der Beteiligung, der Auswahl der Verbände und dem Zeitpunkt der Beteiligung.

20. Der Bundestag kann nicht die Bundesregierung verpflichten, bestimmte Verbände vor der Einbringung von Gesetzentwürfen in dem Bundestag zu hören, da er sonst in die Geschäftsordnungsautonomie der Bundesregierung und ihr Initiativrecht eingreift.

21. Die Bundesregierung kann in ihrer Geschäftsordnung den Verbänden keinen Anspruch auf Anhörung geben, weil sie die Verbände nicht ohne eine Änderung des Grundgesetzes zu Organen nach Art. 93 Abs. 1 Nr. 1 GG erheben kann.

22. Die Bundesregierung muß ihr Recht, Rechtsverordnungen zu erlassen, nicht mit den Verbänden teilen.

23. Die Regelung des § 94 BBG ist verfassungswidrig, weil ein solches Beteiligungsrecht, auch wenn es die Koalitionsfreiheit der Beamten fördert, nur durch das Grundgesetz selbst eingeräumt werden kann.

Literaturverzeichnis

Anschütz, Gerhard: Die Verfassung des Deutschen Reiches, Berlin, 14. Aufl., 1933

Apelt, Willibalt: Geschichte der Weimarer Verfassung, München 1946

Arndt, Klaus Fr.: Parlamentarische Geschäftsordnungsautonomie und autonomes Parlamentsrecht, Schriften zum Öffentlichen Recht, Bd. 37, Berlin 1966

Bachof, Otto: Verfassungswidrige Verfassungsnormen? Tübingen 1951

— Verfassungsrecht, Verwaltungsrecht, Verfahrensrecht in der Rechtsprechung des Bundesverwaltungsgerichts, Bd. II, Tübingen 1967

Bauernfeind, Heinz: Die Mitgliedschaft in Koalitionen, Düsseldorf 1957

Behr, Werner: Neuordnung des Beamtenrechts weiterführen, DDB 1961, S. 81 f.

— Wir sind zur Mitverantwortung bereit, DDB 1963, S. 3 f.

Bergmann - Schlüter - Wickel: Handbuch der Arbeit, III. Abteilung, Die Koalitionen, Jena 1931

Beyme, Klaus von: Interessengruppen in der Demokratie, München 1969

Bochalli, Alfred: Bundesbeamtengesetz unter Berücksichtigung des Rechts der Angestellten und Arbeiter des Bundes, Kommentar, München - Berlin, 2. Aufl., 1958

Böckenförde, Ernst-Wolfgang: Die Organisationsgewalt im Bereich der Regierung, Schriften zum Öffentlichen Recht, Bd. 18, Berlin 1964

Breitling, Rupert: Die zentralen Begriffe der Verbandsforschung „Pressuregroups", Interessengruppen, Verbände, Politische Vierteljahresschrift 1960, S. 47 ff.

— Die Verbände in der Bundesrepublik, Meisenheim 1955

Brenner, Günter: Zum Mitwirkungsrecht der Verbände und Vereinigungen bei der Gesetzgebung des Bundes und beim Erlaß von Rechtsverordnungen, Der Betriebs-Berater 1960, S. 873 ff.

Broder, Heinrich: Lobbyisten kontra Kontrolleure, Der Volkswirt 1968, Nr. 31, S. 20 f.

Clemens - Scheuring u. a.: Kommentar zum BAT, Bd. 1, Stuttgart 1968

Criegee, Jürgen: Ersuchen des Parlaments an die Regierung, Tübinger Dissertation 1965

Crisolli - Schwarz: Hessisches Beamtengesetz i. d. F. vom 10. 1. 1967, Kommentar, Neuwied - Berlin

Däubler, Wolfgang: Der Streik im öffentlichen Dienst, Juristische Studien, Bd. 17, Tübingen 1970

Dahm, Georg: Deutsches Recht. Die geschichtlichen und dogmatischen Grundlagen des geltenden Rechts. Stuttgart, 2. Aufl., 1963

Dechamps, Bruno: Macht und Arbeit der Ausschüsse, Meisenheim 1954

Dietz, Rolf: Die Koalitionsfreiheit. In: Bettermann - Nipperdey - Scheuner, Die Grundrechte, Bd. III/1, Berlin 1958, S. 417 ff.

Distel, Josef: Berufsbeamtentum heute — Tradition und Fortschritt, Düsseldorf 1963

— Das Recht der Gewerkschaften auf Beteiligung, DDB 1955, S. 179 f.

Drews - Wacke: Allgemeines Polizeirecht, Berlin, 7. Aufl., 1961

Ebert, Kurt: Das Recht des öffentlichen Dienstes, Berlin 1965

Eschenburg, Theodor: Institutionelle Sorgen in der Bundesrepublik, Stuttgart, 1. Aufl., 1961

Evers, Hans-Ulrich: Verbände-Verwaltung-Verfassung, Der Staat 1964, S. 41 ff.

Fechner, Erich: Sozialer Rechtsstaat und Arbeitsrecht, RdA 1955, S. 161 ff.

Fees, K.: Das Beteiligungsrecht der Spitzenorganisationen der zuständigen Gewerkschaften, ZBR 1963, S. 135 ff.

Fischbach, Oskar G.: Bundesbeamtengesetz i. d. F. des Gesetzes vom 1. 10. 61, 1. Halbband, Köln - Berlin - Bonn - München, 3. Aufl., 1964

Fraenkel, Ernst: Die ordnungspolitische Bedeutung der Verbände im demokratischen Rechtsstaat. In: Die Stellung der Verbände im demokratischen Rechtsstaat, Düsseldorf 1968, S. 11 ff.

Gebhard, Ludwig: Handkommentar zur Verfassung des Deutschen Reiches, München 1932

Gerber, Hans: Entwicklung und Reform des Beamtenrechts, VVDStRL 7 (1932), S. 2 ff.

Giese, Friedrich: Das Berufsbeamtentum im deutschen Volksstaat, Berlin, 2. Aufl., 1929

— Die Verfassung des Deutschen Reiches, Berlin, 8. Aufl., 1931

Grabendorff-Arend: Beamtengesetz von Rheinland-Pfalz, Kommentar, Siegburg 1962

Grewe, Wilhelm: Zum Begriff der politischen Partei. In: Festgabe für Erich Kaufmann, Stuttgart - Köln 1950, S. 65 ff.

Gumbel, Karl: Lobbyismus oder verantwortliche Mitarbeit der Verbände? In: Die Stellung der Verbände im demokratischen Rechtsstaat, Düsseldorf 1968, S. 61 ff.

Hauschild: Der vorläufige Reichswirtschaftsrat 1920—1926, Denkschrift, Berlin 1926

Helfritz, Hans: Grundzüge des Beamtenrechts, Berlin 1929

Hennis, Wilhelm: Politik als praktische Wissenschaft. Aufsätze zur politischen Theorie und Regierungslehre. München 1968 (zitiert: Hennis, Politik)

Hermens, Ferdinand: Verfassungslehre, Köln - Opladen 1968

Hesse, Konrad: Grundzüge des Verfassungsrechts der Bundesrepublik Deutschland, Karlsruhe, 3. Aufl., 1969 (zitiert: Hesse, Verfassungsrecht)

Hildebrandt - Demmler - Bachmann: Kommentar zum Beamtengesetz für das Land Nordrhein-Westfalen v. 1. 8. 1966, Neuwied - Berlin

Huber, Ernst R.: Rechtsstaat und Sozialstaat in der modernen Industriegesellschaft, Schriftenreihe der Verwaltungs- und Wirtschaftsakademie Oldenburg, Heft 1

— Wirtschaftsverwaltungsrecht, 2. Bd., Tübingen, 2. Aufl., 1954

Hueck - Nipperdey: Lehrbuch des Arbeitsrechts, 2. Bd., 1. Halbband, Berlin - Frankfurt, 7. Aufl., 1967 (zitiert: Hueck - Nipperdey, Lehrbuch)

Hueck - Nipperdey - Stahlhacke: Tarifvertragsgesetz, München - Berlin, 4. Aufl., 1964

Kaiser, Joseph: Die Repräsentation organisierter Interessen, Berlin 1956

— Die Stellung des Berufsbeamtentums und seiner Vertretungen im sozialen Rechtsstaat. In: Sozialer Rechtsstaat — Weg oder Irrweg? Schriftenreihe des Deutschen Beamtenbundes, 1963

Kalisch, Werner: Grundrechte und Berufsbeamtentum nach dem Bonner Grundgesetz, AöR Bd. 78 (1952/53), S. 334 ff.

Kaskel, Walter: Beamtenrecht und Arbeitsrecht, Berlin 1926

Klein, Friedrich: Zur rechtlichen Verbindlichkeit von Bundestagsbeschlüssen, JuS 1964, S. 181 ff.

Köttgen, Arnold: Das deutsche Berufsbeamtentum und die parlamentarische Demokratie, Berlin 1928

Krüger, Herbert: Allgemeine Staatslehre, Stuttgart, 2. Aufl., 1966

Kühn, Walter: Entwicklungstendenzen im Beamtenrecht, ZBR 1962, S. 201 ff.

Kümmel, Wilhelm: Kommentar zum Niedersächsischen Beamtengesetz i. d. F. vom 1. 6. 1967, Hannover - Döhren

Kulemann: Die Berufsvereine, Bd. 1, Jena, 2. Aufl., 1908

Kunze, H.: Zum Begriff der Spitzenorganisationen im beamtenrechtlichen Sinne, RiA 1960, S. 359 ff.

Kurth, Joseph: Geschichte der Gewerkschaften in Deutschland, Hannover - Frankfurt, 2. Aufl., 1958

Lehners, Richard: Form und Ziel der Beteiligungsrechte, DDB 1966, S. 67 ff.

Leibholz, Gerhard: Staat und Verbände, VVDStRL 24 (1966), S. 5 ff.

Loewenberg, Gerhard: Parlamentarismus im politischen System der Bundesrepublik Deutschland, Tübingen 1969

v. Mangoldt - Klein: Das Bonner Grundgesetz, Bd. I/II, Berlin - Frankfurt, 2. Aufl., 1957/64; Bd. III, 6. Lieferung, 1969

Maunz - Dürig - Herzog: Grundgesetz, Kommentar, München 1969

Mayer-Maly, Theo: Der Verhandlungsanspruch tariffähiger Verbände, RdA 1966, S. 201 ff.

Meyer, Karl: Verbände und Demokratie in der Schweiz, Olten 1968

Meyer, O.: Der Beamte und die Verbände, ZBR 1962, S. 205 ff.

Morstein Marx, Fritz (Hrsg.): Verwaltung. Eine einführende Darstellung, Berlin 1965

Mattern, Karl-Heinz: Grundlinien des Parlaments, Berlin - Frankfurt 1969

Müller, Gerhard: Gedanken zum Koalitionsrecht, Der Betrieb 1957, S. 718 ff.

Naumann, Kurt: Die ethische Verantwortung der Interessenverbände im sozialen Rechtsstaat. In: Die Stellung der Verbände im demokratischen Rechtsstaat, Düsseldorf 1968, S. 29 ff.

Neis, Kurt: Die Koalitionsfreiheit der Beamten. In: Koalitions- und Meinungsfreiheit des Beamten, Düsseldorf 1964, S. 35 ff., (zitiert: Neis, Koalitionsfreiheit)

Nikisch, Arthur: Arbeitsrecht, 2. Bd., Tübingen, 2. Aufl., 1959

Nilges, Heinrich: Das Beteiligungsrecht der Beamtenkoalitionen bei der Regelung der beamtenrechtlichen Verhältnisse, Kölner Dissertation 1964 (zitiert: Nilges, Beteiligungsrecht)

Nipperdey, Hans C.: Das Erfordernis der Gegnerfreiheit bei Koalitionen, namentlich im öffentlichen Dienst. In: Festschrift für Philipp Möhring, München - Berlin 1965, S. 87 ff.

Odewald, Jens: Der parlamentarische Hilfsdienst in den Vereinigten Staaten von Amerika und in der Bundesrepublik Deutschland, Schriften zum Öffentlichen Recht, Bd. 64, Berlin 1967

Pfennig, Gerhard: Der Begriff des öffentlichen Dienstes und seiner Angehörigen, Schriften zum Öffentlichen Recht, Bd. 4, Berlin 1960

Plog - Wiedow: Bundesbeamtengesetz, Teil I, Loseblatt-Kommentar

Poetsch - Heffter: Handkommentar der Reichsverfassung, Berlin, 3. Aufl., 1928

Reuß, Wilhelm: Rechtsgutachten zur Frage, ob Arbeitskampfbereitschaft Voraussetzung der Tarifhoheit ist, o. J. (zitiert: Reuß, Rechtsgutachten)

Reuter, Waldemar: Lobbyismus oder verantwortliche Mitarbeit der Verbände? In: Die Stellung der Verbände im demokratischen Rechtsstaat, Düsseldorf 1968, S. 71 ff.

— Spitzenorganisationen im Sinne des § 94 BBG, DDB 1960, S. 6 f.

Rubattel, R.: Die Beziehungen zwischen Bund und Wirtschaftsverbänden. Bericht zuhänden des Bundesrates aus dem Jahre 1956, Bern 1957

Schäfer, Friedrich: Der Bundestag. Eine Darstellung seiner Aufgaben und seiner Arbeitsweise, verbunden mit Vorschlägen zur Parlamentsreform, Köln - Opladen 1967

— Wie ist der Einfluß der Verbände auf die Tätigkeit des Gesetzgebers zu beurteilen? In: Die Stellung der Verbände im demokratischen Rechtsstaat, Düsseldorf 1968, S. 45 ff.

Schick, Walter: Beamtenrecht — Beamtentum — Beamte, Juristenzeitung 1970, S. 449 ff.

Schmölders, Günter: Das Selbstbild der Verbände, Berlin 1965

Schneider, Hans: Die Bedeutung der Geschäftsordnungen oberster Staatsorgane für das Verfassungsleben, Göttingen, o. J.

Schneider, Herbert: Die Interessenverbände, München, 3. Aufl., 1966

Schnorr, Gerhard: Der Begriff der „Gewerkschaft", RdA 1953, S. 377 ff.
— Kollektivmacht und Individualrechte im Berufsverbandswesen. In: Festschrift für Erich Molitor, München - Berlin 1962, S. 229 ff.

Schüle, Adolf: Koalitionsvereinbarungen im Lichte des Verfassungsrechts, Tübingen 1964

Schuler, Hubert: Die Beteiligung der Spitzenorganisationen in Baden-Württemberg, DDB 1964, S. 152

Schütz, Erwin: Beteiligung von Verbänden an beamtenrechtlichen Regelungen, DöD 1968, S. 161 ff.

Söllner, Alfred: Arbeitsrecht. Studienbuch. Stuttgart - Berlin - Köln - Mainz 1969

Stein, Ekkehart: Lehrbuch des Staatsrechts, Tübingen 1968 (zitiert: Stein, Staatsrecht)

Stier-Somlo, Fritz: Deutsches Reichs- und Länderstaatsrecht I, Berlin 1924

Thieme, Werner: Empfiehlt es sich, das Beamtenrecht unter Berücksichtigung der Wandlungen von Staat und Gesellschaft neu zu ordnen? Gutachten D zum 48. Deutschen Juristentag, München 1970

Touppen, Heinz: Träger organisierter Interessen, DDB 1966, S. 123 f.

Ule, Carl Hermann: Öffentlicher Dienst. In: Bettermann - Nipperdey, Die Grundrechte, Bd. IV/2, Berlin 1962
— Verwaltungsprozeßrecht. Ein Studienbuch. München - Berlin, 4. Aufl., 1966
— Welche Rechtsfolgen hat das Fehlen der Beteiligung der Spitzenorganisationen der zuständigen Gewerkschaften und der Mitwirkung der Personalausschüsse bei der Vorbereitung allgemeiner Regelungen der beamtenrechtlichen Verhältnisse? ZBR 1962, S. 171 ff.
— Die Entwicklung des Beamtenrechts durch die Rechtsprechung der Verwaltungsgerichte. In: Staatsbürger und Staatsgewalt, Verwaltungsrecht und Verwaltungsgerichtsbarkeit in Geschichte und Gegenwart, hrsg. von Külz/Naumann, Bd. II, Karlsruhe 1963, S. 113 ff.
— Grundfragen der deutschen Beamtenpolitik, hrsg. von den Landesverbänden Rheinland-Pfalz und Saar im Deutschen Beamtenbund, 1958

Wacke, Gerhard: Das Recht der Angestellten und Arbeiter im öffentlichen Dienst, Die Verwaltung, Heft 10, Braunschweig 1957
— Grundlagen des Öffentlichen Dienstrechts, Tübingen 1957

Wilhelm, Bernhard: Beteiligung der Spitzenorganisationen nach § 94 BBG bei Initiativentwürfen des Bundestages, ZBR 1968, S. 61 ff.

Winkler, Günter: Staat und Verbände, VVDStRL 24 (1966), S. 34 ff.

Wittkämper, Gerhard: Grundgesetz und Interessenverbände, Köln - Opladen 1963

Wittmayer, Leo: Die Weimarer Reichsverfassung, Tübingen 1922

Wolff, Hans J.: Verwaltungsrecht I. Ein Studienbuch. München - Berlin, 6. Aufl., 1965

Wurster - Gohla: Bundesbesoldungsrecht, Kommentar, Bd. 1., Hamburg - Berlin, 2. Aufl., 1965

Zippelius, Reinhold: Allgemeine Staatslehre, München, 2. Aufl., 1970

Printed by Libri Plureos GmbH
in Hamburg, Germany